목회를 말하다

목회를 말하다

지은이 | 이규현
초판 발행 | 2019. 9. 25
7쇄 발행 | 2025. 9. 5
등록번호 | 제1988-000080호
등록된 곳 | 서울특별시 용산구 서빙고로65길 38
발행처 | 사단법인 두란노서원
영업부 | 2078-3333   FAX | 080-749-3705
출판부 | 2078-3331

책값은 뒤표지에 있습니다.
ISBN 978-89-531-3607-6 03230

독자의 의견을 기다립니다.
tpress@duranno.com   www.duranno.com

두란노서원은 바울 사도가 3차 전도여행 때 에베소에서 성령 받은 제자들을 따로 세워 하나님의 말씀으로 양육하던 장소입니다. 사도행전 19장 8~20절의 정신에 따라 첫째 목회자를 돕는 사역과 평신도를 훈련시키는 사역, 둘째 세계선교(TIM)와 문서선교(단행본·잡지) 사역, 셋째 예수문화 및 경배와 찬양 사역, 그리고 가정·상담 사역 등을 감당하고 있습니다. 1980년 12월 22일에 창립된 두란노서원은 주님 오실 때까지 이 사역들을 계속할 것입니다.

이규현 목사의 목회론

목회를 말하다

이규현 지음

목차

___ 프롤로그 6

Part 1.
들러리
영성으로 산다
목사는 누구인가

- 하나님의 영광을 탐내지 마십시오 **14**
- 우리 목표는 무병장수가 아닙니다 **28**
- 고난을 당연하게 여기십시오 **46**

Part 2.
핵심은
영혼의 변화다
나만의 목회론이 있는가

- 영적 권위의 회복이 먼저입니다 **64**
- 십자가로 돌아가면 목회는 즐겁습니다 **84**
- 목사는 세상과 진리를 연결합니다 **96**
- 제자훈련은 목회의 노른자입니다 **108**

Part 3.
교회, 건물을 뚫고
나오다
교회는 무엇인가

- 교회론이 확실해야 기초가 튼튼합니다 **122**
- 외형보다 본질이 중요합니다 **134**
- 교회를 어떤 관점으로 바라봅니까 **150**

Part 4.

영혼을 만지다
어떻게 설교할 것인가

영혼과 시대를 읽으십시오 **162**

성경에 충실한 설교를 하십시오 **182**

설교자가 갖추어야 할 것들 **194**

Part 5.

목사로 살다
자기관리는 어떻게 할 것인가

텅 빈 영혼, 영성으로 채웁시다 **212**

지성, 감성, 5력이 필요합니다 **224**

주일과 주일 사이, 어떻게 살고 있습니까 **236**

영적인 근육을 키우십시오 **242**

| 프롤로그 | 교과서가 아닌 별책 부록에서 의외의 답을 얻다 |

한국 교회를 생각하면 늘 마음이 짠하다. 내가 할 수 있는 일은 없을까? 아무리 생각해도 역부족을 느껴 대략 난감하다. 그럼에도 가만히 있을 수는 없어 무엇인가는 해야겠다고 시작한 것이 젊은 목회자를 위한 멘토링 사역이다. 멘토링 사역이라고 대단한 것은 아니며 그들과 함께 시간을 갖고 목회의 경험을 나누는 일이다. 이 책은 작은 방에서 소규모로 둘러앉아 나눈 이야기들을 엮은 것이다.

나는 《목회를 말하다》라는 제목이 거창하게 여겨져 조금 주저했는데 출판사에서 추천하여 따르기로 했다. 나름 관련 책들을 종합 정리하여 목회에 관해 말할 수는 있다. 그러나 이 책에는 교과서적인 설명보다 목회 현장에서 부딪힌 실제적인 이야기들이 많다. 교과서에 없는 별책 부록과 같은 것이다. 시험을 쳐 보면 가끔 교과서에 있는 내용이 아니라 별책 부록에서 나와 당황할 때가 있다. 마찬가지로 목회 현장에서 당혹스러운 것은 신학교에서 배우지 않은 것들이 너무 많이 출제된다는 점이다. 누구나 한번도 가보지 않은 길을 간다. 그런데 약간 앞선 사람의 경험담이 적용점은 다를 수 있지만 본질이 같다면 어느 정도 도움이 될 수 있겠다는 생각에 책을 낼 용기를 얻었다.

목회를 설명한다는 것은 벅찬 주제다. 사실 목회는 미스터리다. 설명이 잘 안된다. "목회는 이것이다" 누가 감히 자신 있게 말할 수 있겠는가? 그것은 오만이다. "누가 목회를 어떻게 해왔는가" 물으면 정형화된 답이 하나 있다. "모든 것은 하나님의 은혜"라는 것이다. 무언가 더 듣고 싶었던 사람에게는 너무 뻔한 답일 것이다. 그런데 사실은 그 답이 맞다.

목회가 어찌 사람이 할 수 있는 일이겠는가? 무슨 재주를 피운다고 되는 일이 결코 아니다. 하나님이 사람들을 불러 모으시고, 구원을 얻게 하시며, 회심의 역사를 일으키시고, 변화를 경험하고 딴 사람이 되는 것도 우리의 영역에서 일어나는 일이 아니다. 목회는 전적으로 하나님 편에서 하시는 일이고 우리는 지극히 보조 역할을 감당할 뿐이다.

때로는 하나님의 영광을 가리지만 않아도 괜찮은 목회라고 할 수 있는 시대를 살고 있다. 교회 건물이 좋고 교통이 편리한 기가 막힌 곳이면 사람들이 몰려들까? 내가 설교를 잘 하면 부흥이 될까? 설교를 잘 한다는 것은 무엇을 두고 하는 말일까?

모두 부푼 꿈을 안고 목회를 시작한다. 하지만 목회를 해보면 생각대로 돌아가지 않는다. 변수도 많고 넘어지게 하는 복병들도 무수하다. 지금은 한국 교회 안에 거품들이 제거되는 시간이다. 선배들이 경험했던 부흥의 끝자락 중에서도 끝자락의 지점에서 이전과 같은 경험을 하기는 어렵다. 설명 가능한 다양한 원인들이 있다.

이제 시작하는 목회자들에게 절망을 안기고 싶지는 않지만 목회에 대한 허황된 꿈을 꾸고 있지는 않은지 점검해 보아야 한다. 목회에서 야망은 매우 위험하다. 수의 논리에 빠지면 안 된다. 잘못된 목표 설정은 목회자를 불행의 늪으로 빠지게 한다. 그릇된 열심은 자신뿐만 아니라 교인들까지 불행하게 만들 수 있다. 교인들을 목회하기 이전에 목양의 대상은 목회자 자신이다. 우리는 목양 대상 1호다.

'목사스러움'이 아니라 '목사다움'이 관건이다. 목회를 하다 보면 큰 걸림돌을 만난다. 바로 목회자 자신이다. 교인은 죄가 없다. 목회 안 되는 탓을 교인들에게 돌리면 안 된다. 교인의 영적 변화를 위해 몸부림치기 이전에 목회자 자신이 변화해야 하고, 교인 누구를 바꾸어 놓기 이전에 내 안에서 먼저 혁명이 일어나야 한다. 말썽 피우는 교인들 때문에 목회가 안 된다고 해도 위로할 사람이 없다. 주변에 큰 교회 때문에 목회 못하겠다고 푸념할 수 있어도 그것만으로는 시원한 답이 될 수 없다. 중요한 것은 나를 하나님의 사람으로 다듬어 가는 일이다.

목회자의 내적 변화 없는 외적 활동주의는 곧 탈진이라는 무서운 복병을 만나게 된다. 그러면 목회는 힘들어진다. 요즘 목회를 하루 속히 내려놓고 싶어하는 목회자들이 늘고 있다. 힘든 하루하루를 버텨내는 목회로는 미래가 없다. 목회자가 행복해야 한다. 행복의 이유를 말하라고 하면 고민 없이 입에서 술술 터져 나와야 한다. 목회의 영광과 바꿀 수 있는 것이 세상 어디에 있겠는가?

껍데기가 아니라 속을 채워야 한다. 목회자의 영성이 지속적으로 깊어져 가고 있는가? 그러면 된다. 그것으로 충분하다. 그래도 교회가 성장해야 한다고 항변하고 싶을지 모른다. 목사가 목사다워 가는 것에 몰두한다면 그 다음은 하나님의 몫으로 넘어간다. 하나님이 나를 어떻게, 어디에서 무엇으로 사용하실지는 공백으로 남겨 놓아야 한다.

목회라는 사역 이전에 하나님의 자녀로서 존재의 부요함을 누리고 있는가? 고든 맥도날드의 표현처럼 '영혼의 부의 축적'을 하고 있는가? 목회는 내 안에서 경험하고 채워진 하나님에 관한 깊고 풍성한 것들이 교인들에게 자연스럽게 흘러가면 되는 것이라고 믿는다. 교인에 대한 고민이 아니라 나에 관한 고민이 깊어지면 거기에서 문제를 하나씩 풀 수 있고 하나님이 답을 주실 것이다.

목회의 여정을 돌아보면 감사한 것이 많다. 나의 실력이나 능력과 상관없이 교회를 세워 가시는 은혜가 너무도 크다. 솔직히 교인들이 왜 몰려오는지 미스터리였다. 나의 부족에도 불구하고 모여드는 교인들로 인해 늘 당혹스러웠다. 어울리지 않는 옷을 입고 있는 것 같았다. 하지만 내가 하는 것이 아니라 하나님이 하시는 것이기에 모두 가능했다. 설명 불가능한 일들을 경험하면서 놀라움과 경이로움으로 가득하다. "하나님은 역시 하나님이십니다"는 고백이 절로 나온다. 건강한 교회를 섬긴다는 것이 얼마나 영광스럽고 교회가 교회다워 가는 것이 큰 행복임을 경험하고 있다.

목회는 그 무엇과도 비교할 수 없고 빼앗길 수 없는 영광이요 기쁨이며 행복이라고 고백할 수 있기를 바란다. 이 책이 고군분투하고 있는 목회자들에게 조금이나마 도움이 되기를 간절히 바란다. 최선을 다하지만 미래가 잘 보이지 않는 목회자들이 새로운 지평을 열어가는 일에 작은 도움이 된다면 이 책은 소기의 목적을 달성한 것이라 생각한다.

  이 책이 나오기까지 늘 수고를 아끼지 않는 두란노 편집팀과 수영로교회 편집팀 모두에게 진심 어린 감사를 드리고 싶다. 무엇보다 최고의 목회 멘토이신 정필도 원로목사님께 감사의 마음을 전해 드리고, 또 목회의 동역자로 신실한 내조를 다하는 아내와 목사의 길을 함께 걷는 큰 아들과도 기쁨을 나누고 싶다. SOLI DEO GLORIA!

해운대에서
이규현 목사

Part 1.

들러리
영성으로
산다

목사는 누구인가

chapter 1.

하나님의 영광을
탐내지 마십시오

우리가 사역을 하다 보면 내가 주인공 같을 때가 있습니다. 주변에서 박수를 쳐 주고 격려하고 칭찬을 해주면 그 말에 자꾸 귀를 기울이게 됩니다. 설교를 마치고 내려왔는데 교인들이 "목사님 설교 너무 은혜로웠어요" 하는 소리를 해주지 않으면 서운합니다. 나를 강화하고 내가 만족하고 내가 성취해 가는, 나를 극대화하는 유혹이 생깁니다.

이것이 소위 말하는 목회 세계의 성공주의입니다. 세상적인 철학이 우리 마음 안에 들어와 있는 것입니다. 내 정체성을 바로하기 바랍니다. 나는 주인공이 아닙니다.

> 27 요한이 대답하여 이르되 만일 하늘에서 주신 바 아니면 사람이 아무것도 받을 수 없느니라 28 내가 말한 바 나는 그리스도가 아니요 그의 앞에 보내심을 받은 자라고 한 것을 증언할 자는 너희니라 29 신부를 취하는 자는 신랑이나 서서 신랑의 음성을 듣는 친구가 크게 기뻐하나니 나는 이러한 기쁨으로 충만하였노라 30 그는 흥하여야 하겠고 나는 쇠하여야 하리라 하니라 요 3:27-30

이 말씀이야말로 우리 신앙의 방향, 영성의 기준이요 표본 아니겠습니까? 그저 하나님만을 흥하게 하고 나는 쇠하면 그만입니다. 이 사역은 나를 위한 것이 아니라 하나님을 위한 일입니다. 오직 그리스도만 드러나는 일을 하십시오. 나를 드러낼수록 그리스도는 죽습니다.

들러리 영성이 필요합니다

　세상은 더 유명해지고 더 칭찬받고 더 높은 위치를 얻고 권력을 얻는 것이 중요합니다. 교회도 다를 바가 없습니다. 큰 교회에 다니면 나도 뭔가 큰 사람이 된 것 같은 착각에 빠집니다. 교회 안에서 오른 편, 왼 편으로 갈라져 싸웁니다. 다른 사람이 인정을 받으면 비위가 상합니다. 목사들끼리 만나면 요즘 자기 교회 교인 수가 몇 명인지, 어떤 차를 타고 다니는지 얘기합니다. 성공주의의 유혹이 교회에 확연하게 드러나고 있습니다.

　성공을 꿈꾸는 사람들은 다른 사람의 성공을 좋아하지 않습니다. 이웃 교회에서 사고가 나고 분쟁이 생겨서 그곳 교인이 우리 교회로 오면 좋아합니다. 그 중심에 그리스도가 아닌 내가 있습니다. 그 어디에서도 그리스도의 주 되심이 느껴지지 않습니다. 내가 하면 하나님 나라가 세워지는 것이고, 내 동역자가 하면 아닙니까? 이웃 교회가 잘되고 사람들이 와서 은혜를 받으면 그건 하나님의 일이 아닐까요? 누가 하든 그것이 하나님의 일이라면 박수를 쳐 줘야 합니다. 이웃 교회가 잘되길 바라야 합니다. 사역은 비즈니스가 아니라 하나님 나라가 세워지는 일이기 때문입니다.

　그런데 이런 비슷한 일이 예수님의 제자들 사이에서도 있었습니다. 예수님 오른 편에는 누가 앉고, 왼 편에는 누가 앉을 것인지 세력 다툼을 했습니다. 성공주의에 빠진 것입니다. 그러나 세례 요한은 자기에게 관심이 없었습니다. 그의 관심은 오직 그리스도였습니다.

　"그는 흥하여야 하겠고"라는 말씀에 '십자가의 도'가 있습니다. 다르게 말하면 '들러리 영성'입니다. 이런 영성을 가진 사람은 사역이 잘될수록 숨을 줄 압니다. 그래야 내가 아니라 그리스도가 드러나기 때문입니다. 위기는 사역이 안 될 때가 아니라 잘될 때 찾아옵니다. 사역이 잘되면 자기 과시로 갈 수 있습니다. 내 안에 야심과 야망이 커질 수가 있습니다. 그러나 자기를 드러낼수록 위험해집니다.

우리는 그저 그리스도를 드러내고 빛내기 위한 보조자들에 불과합니다. 내 존재를 과시하고 드러낼 필요가 없습니다. 그분이 흥하려면 나는 쇠해야 합니다. 우리는 하나님의 영광을 탐내지 말아야 합니다. 그것은 '절대 금지구역'입니다. 그 구역에서 비행하다가는 추락 사고가 일어납니다. 하나님은 당신의 영광을 인간에게 양보하신 적이 한 번도 없습니다.

목회는 쇼가 아니라 소리입니다

우리는 세례 요한에게서 목회의 기본적인 태도를 배워야 합니다. 여기에 한국 교회의 길이 있습니다. 세례 요한은 무엇으로 있었습니까? 소리입니다. 자신의 존재를 단지 소리로만 드러낸 것입니다. 소리는 결국 말씀입니다. 그 말씀은 내 소리가 아닙니다. 우리는 그저 하늘로부터 주신 소리를 대언하는 매개체일 뿐입니다.

세례 요한이 사역한 곳은 광야입니다. 교통이 좋고 목이 좋은 곳이 아닙니다. 대로변이 있고 번화가가 있는 곳이 아닙니다. 그런데 사람들이 그 소리를 들으러 광야로 갔습니다. 세례 요한을 보러 간 것이 아니라 소리를 들으러 간 것입니다. 바로 하늘의 소리입니다.

그런데 요즘 교회는 세상을 닮아 가려 합니다. 교회가 세속주의의 한 가운데 들어와 있습니다. 젊은이들을 모이게 하려면 화려한 엔터테인먼트가 필요하다고 말합니다. 그들을 더 즐겁게 해줄 무언가가 있어야 한다고 합니다. 그래서 프로그램을 고민합니다. 목회가 인간 중심으로 기울어져 버립니다. 그런데 이 영역에서 교회는 세상을 따라가지 못합니다. 게임이 안 됩니다. 세상의 기획력이 훨씬 좋습니다. 결국 사람들은 교회에 등을 돌리고 세상으로 가 버립니다.

목회는 쇼나 프로그램이 아닙니다. 말씀이 말씀으로 전해지지 않으면 쇼가 됩니다. 그런데 많은 교회가 그동안 쇼를 했습니다. 쇼는 사람들에게 재미를 주는 것 그 이상도 이하도 아닙니다. 쇼는 끝이 나게 되어 있습니다. 사람들은 쇼에 갈증을 느낍니다. 쇼의 결론은 흥행입니다. 그러니 머리가 아픕니다. 계속 사람을 모아야 하고, 새로운 것을 만들어 내야 하고, 세상과 싸워야 하기 때문에 그렇습니다. 기도는 하지 않고 어떻게 하면 사람을 많이 모을까 고민하면서 회의만 합니다. 비즈니스의 기술을 익히고 사람을 움직이는 심리학을 배우며 마케팅을 공부합니다. 그러나 흥행은 도박과 연결됩니다. 흥행은 욕망과 어울리는 것입니다.

수영로교회 금요 철야예배에는 중고등부 아이들이 와서 눈물로 기도를 합니다. 그 아이들이 설교 들으며 노트한 것을 보면 깜짝 놀랍니다. 철야예배 시간에 어떤 엔터테인먼트가 있었을까요? 그 아이들의 눈을 사로잡을 프로그램이 있었을까요?

아무것도 없지만 그 아이들은 말씀을 들었습니다.

사람들이 찾는 것은 하늘의 음성입니다. 그들은 진리에 대한 목마름이 있습니다. 우리는 그 사실을 이미 알고 있습니다. 세상과 문화로 싸울 생각하지 마십시오. '어떻게 해야 사람들을 즐겁게 할까?' 이런 질문은 잊어버리십시오. 우리가 승부를 걸어야 할 것은 진리입니다.

그런데 지금의 말씀에는 소음으로 가득 차 있습니다. 말씀인데 안 들립니다. 하늘의 소리가 아니기 때문입니다. 깨끗하지가 않습니다. 목사의 머리에서 나온 소리가 많아서 그렇습니다. 그러나 잡음과 소리는 다릅니다. 내가 정말 하늘로부터 온 소리를 전하고 있습니까?

목사는 하늘의 소리를 들어야 합니다

세례 요한은 말씀을 전하는 종이었습니다. 이것이 그의 정체성입니다. 목사도 마찬가지입니다. 말씀을 전하는 통로입니다. 소리는 보이지 않습니다. 들리는 것입니다. 그러니 우리는 나를 보여 줄 필요가 없습니다. 말씀을 전하는 통로가 되면 그만입니다. 그렇기 때문에 소리를 대변하지 않으면 우리는 아무것도 아닙니다. 말씀이 사라지면, 말씀을 전달하는 출구에 문제가 생기면 우리의 정체성이 사라집니다.

세례 요한은 하나님의 음성을 들었습니다. 역사는 거기에서 시작됐습니다. 중간기 역사의 암흑기를 깨고 그리스도를 선포합니다. 그때 새로운 세계가 열렸습니다. 모든 역사는 말씀이 들리는 곳에서 시작합니다.

우리가 교회를 개척할 때도 말씀이 열리면 다 열린 것입니다. 그런데 우리는 개척을 복잡하게 생각합니다. 위치가 좋은 건물은 어디인지, 평수는 어느 정도 규모로 얻어야 하는지를 고민합니다. 그런데 내가 하늘의 음성을 듣고 그 말씀을 전하는 통로가 되기만 하면 사람들은 그곳이 광야라도 말씀을 들으러 모입니다. 참된 하나님의 음성이 들리는 곳을 사람들은 찾아내고야 맙니다. 소리가 들리면 사람들은 밤을 새워서라도 1부 예배에 나옵니다. 시골 구석에 있든, 길이 없는 동네에 있든 상관없습니다. 영이 열린 사람은 영으로 압니다. 그들은 은혜와 진리를 찾습니다.

그러나 말씀이 열리지 않으면 좋은 할 게 아무것도 없습니다. 내가 들은 것이 없으니 해줄 말이 하나도 없습니다. 그럼 무슨 말을 해도 소음입니다. 사람들은 그런 곳에 모이지 않습니다. 그래서 하나님의 음성이 들리지 않으면 어설픈 장사꾼이 되는 것입니다. 엘리 시대를 보십시오. 말씀이 희귀했다고 합니다(삼상 3:1). 영적 지도자가 말씀을 못 듣고 있습니다. 시대가 닫히고 끝난 것입니다.

이제는 말씀과 기도, 이 두 축에 온 힘을 기울여야 합니다. 이 외에는 딴짓이고 외도입니다. 목회자가 붙들어야 할 본질을 놓치고 있는 것입니다. 말씀이 귀중하다는 것을 알았으면 삶의 스케줄이 바뀌어야 합니다. 목사는 행정요원이 아닙니다. 사무요원도 아닙니다. 하늘이 열리고 말씀이 열려야 하는데 그게 안 되면 하루 종일이라도 "하나님, 이 종을 불쌍히 여겨 주옵소서" 하고 통곡하며 기도해야 합니다.

광야에 가야 하늘이 열립니다

오늘날 교회의 치명적인 결함은 광야의 외치는 자의 소리가 없다는 것입니다. 하늘의 음성을 듣는 것은 쉬운 일이 아닙니다. 나를 둘러싼 다양한 소리, 사탄의 소리, 세상의 소리, 사람들의 소리가 있기 때문입니다. 우리는 이런 소리들을 여과 없이 다 듣습니다. 그리고 거기에 솔깃해 넘어갑니다. 우리에게는 분별력이 필요합니다.

책을 읽을 때도 분별해야 합니다. 데이비드 웰스(David F. Wells)는 《신학실종》에서 현대를 신학의 실종 시대라고 합니다. 성장에 빠져 방법론에 귀재가 되고 신학이 없는 것입니다. 단에서 울리는 소리가 어디에서 온 소리인지 분별을 못 합니다. 교인들에게 필독서를 추천할 때는 거기에 복음이 있는지 잘 봐야 합니다. 교묘하게 우리를 속이는 것들이 많습니다. 하늘의 소리를 계속 듣고 있는 사람들은 다른 소리를 금방 분별해 냅니다. 이것이 잘못된 소리라는 것을 금방 눈치챕니다.

그런데 우리는 말씀을 듣는 시간을 갖지 않습니다. 왜 시간을 투자하지 않을까요? 중요하다고 생각하지 않는 것입니다. 유진 피터슨(Eugene Peterson)이 한 말이 기억납니다.

"천천히, 좀 천천히 성경을 읽으세요."

커피는 그렇게 음미하면서 말씀을 묵상하는 것은 늘 뒷전입니다. 설교자는 바쁘면 안 됩니다. 묵상, 연구, 다양한 독서를 해야 합니다. 끊임없이 성경을 읽어야 합니다. 이 작업에는 시간이 무한정 들어갑니다. 금방 표가 나지 않습니다. 그러니 속기 십상입니다.

말씀을 제대로 들으려면 광야로 가야 합니다. 세례 요한의 영성은 광야의 영성입니다. 그는 광야로 갔습니다. 광야에는 소음이 없습니다. 도시는 소음 투성이입니다. 사람들이 모여 있는, 조직화되어 있는 광장에는 잘난 인간들의 수없는 외침들이 있습니다. 사람들이 있는 그곳에는 하늘의 음성이 안 들립니다.

예수님은 공생애 전에 가장 먼저 광야로 가셨습니다. 사도 요한도 밧모섬에서 하늘의 음성을 들었습니다. 성경의 많은 인물은 광야를 거치면서 훈련을 받았습니다. 이 광야에서 인물이 만들어집니다. 저는 이민목회가 광야 생활이었습니다. 광야를 경험한 사람은 광야가 늘 그립습니다.

만약 아직 광야를 거치지 않았다면, 이 광야에서 훈련받은 경험이 없다면 아직 사역이 시작되지 않은 것입니다. 광야로 돌아가야 합니다. 강도 높은 훈련을 받고 시작해야 합니다. 평일 하루 중에서도 광야를 만들어야 합니다. 저는 새벽마다 광야 길을 걷습니다. 도시 한가운데에서도 광야를 만들 수 있습니다. 저는 제 사무실이 광야입니다. 새벽기도를 드릴 때는 아직 아무도 오지 않은, 깜깜하게 불 꺼진 본당이 광야입니다. 이때는 아무도 만나지 않습니다. 소음이 없는 이곳에서 하늘의 소리를 듣습니다.

광야는 어떤 곳입니까

사람이 많이 모인 곳은 재밌습니다. 그러나 광야는 사람들이 좋아하지도 않고 찾지도 않습니다. 광야는 고요한 곳입니다. 인적이 드뭅니다. 때로는 죽을 만큼 외롭습니다. 무섭기도

합니다. 그러나 사역자라면 외로움을 벗 삼을 줄 알아야 합니다. 사역은 보이지 않는 곳에서 결정되는 것입니다.

엘리야의 첫 부르심은 그릿시냇가에서였습니다. 그곳에서 하나님은 그를 숨기셨습니다. 엘리야는 외로웠습니다. 대개는 외로움을 견디지 못해서 병이 듭니다. 못 견뎌서 뛰쳐나갑니다. 그러나 그 외로움에서 자기만의 세계를 구축해야 합니다. 광야의 영성은 고독의 영성이라 할 수 있습니다. 고독은 하나님과의 독대의 자리입니다. 그러니 우리는 홀로 있는 것을 좋아해야 합니다. 외롭지 않으려고 하면 위험해집니다. 홀로 있어 보지 않은 사람은 다른 사람들과 함께할 수 없습니다. 홀로 있는 법을 배운 사람이 공동체 안으로 들어갈 수 있습니다.

또 광야는 단순한 곳입니다. 유행도 없고 경쟁도 없습니다. 어떤 옷을 입든, 몇 평 집에서 살든, 무엇을 먹든 신경 쓰지 않습니다. 세례 요한도 광야에서 낙타털 옷을 입고 가죽 띠를 띠고 메뚜기와 석청을 먹었습니다. 그 시대 사람들과 달리 화려한 옷을 입지 않았습니다.

그런데 우리는 내 열심에 빠져 광야를 잃어버립니다. 생각할 것도 많고 신경 써야 할 것도 많아 너무 복잡하게 살고 있습니다. 그러나 사역자는 주어지는 대로 사는 사람들입니다. 대충 사십시오. 영성은 담백함에서 나옵니다. 광야의 단순한 삶에서 영적 민감성이 살아납니다.

우리 교회에 명품으로 온몸을 치장하고 다니던 분이 있었습니다. 그런데 그분이 은혜를 받고 나서 싹 변했습니다. '심플 라이프'가 됐습니다. 이처럼 하나에 꽂힌 사람들은 다른 것에 둔감해집니다.

남들 다 한다고 나도 할 필요는 없습니다. 광야는 무엇을 열심히 하는 곳이 아니라 가만히 있어야 하는 곳입니다. 모세와 다윗도 복잡하게 가던 길을 멈추고 광야에서 심플라이프를 경험하지 않았습니까? 우리도 사역을 하면서 나를 멈춰 세워야 할 때가 있습니다. 시대를 역류하고자 하는 무언가가 있어야 합니다. 섞이면 구분이 안 됩니다. 주변에 신경 쓸수록 영성은 새어 나갑니다. 꾸미는 만큼 내 삶의 초점은 흐려집니다.

그리고 광야는 불편한 곳입니다. 갖춰진 곳이 아닙니다. 너무 완벽한 삶을 살지 마십시오. 누군가를 섬기는 자리는 화려함과는 거리가 멉니다. 그러니 우리가 광야에 있을 때는 불편한 삶을 받아들여야 합니다.

해외를 다니다 보면 한국처럼 편한 곳이 없습니다. 어디를 가나 서비스가 좋습니다. 그런데 외국에서 살다 보면 세차도 셀프, 주유도 셀프, 심지어 가구를 살 때도 직접 조립해야 합니다. 그런데 교회도 그렇습니다. 한국 교회는 교인들이 목사를 잘 섬겨 줍니다. 말 한마디, 전화 한 통이면 문제가 다 해결됩니다. 성공한 교인들을 만나면 대접도 받습니다. 헌금이라며 봉투도 줍니다. 그런데 이런 곳은 위험합니다.

이미 봉투에 익숙해졌다면 광야에서 멀어진 것입니다. 그것을 받으면 그 이상으로 헌신할 태도를 가져야 합니다. 자신을 위해 사용해서는 안 됩니다. 필요한 곳에 흘려보내야 합니다. 이것을 구분하지 않으면 그것으로 인해 내가 죽습니다. 너무 잘 섬기는 교인들은 귀하지만, 목사에게는 독약이 될 수가 있습니다.

목사는 섬겨야 할 사람이지 섬김을 받을 사람이 아닙니다. 섬김을 받을 때 불편해하며 받기 바랍니다. 당연한 듯이 받으면 안 됩니다. 경계심을 가지십시오. 교인들의 섬김과 사랑을 이용해선 안 됩니다. 이것은 어려운 일입니다. 결단을 하지 않으면 그냥 흘러갑니다.

우리는 스스로 나를 불편하게 만들어야 합니다. 도시의 세련된 삶에 적응해 버리면 길들여집니다. 야성을 잃어버립니다. 편안함에 길들여진다는 것은 참 무서운 일입니다. 나도 모르게 죽어가는 것입니다. 세련되고 편안한 것에 빠져들고 있다면 소리를 지르십시오.

"하나님 나를 살려 주세요. 내 영이 죽어 갑니다!"

나만의 광야로 가는 법

현대는 그야말로 소음의 시대입니다. 휴대폰, 인터넷, TV도 채널이 수백 개고, 잡지, 스포츠, 각종 뉴스, 메신저 등 사방에서 쉴 새 없이 소음이 만들어집니다. 보통 시끄러운 것이 아닙니다. 사람들은 너나 할 것 없이 휴대폰을 손에서 떼지 않습니다. 소음이 소음인 줄도 모르고 끼고 삽니다. 교회라고 다르지 않습니다. 요즘 한국 교회는 너무 시끄럽습니다. 요란하고 분주합니다.

이 시대는 광야의 영성이 필요합니다. 광야의 삶이 모든 것을 결정합니다. 광야를 지나면 연약하지 않고 강해집니다. 내가 다 무너져서 그렇습니다. 광야는 자아로 버틸 수 있는 곳이 아닙니다. 이 거친 광야를 통과하면 어떤 고난도 이겨냅니다. 그러나 광야를 통과하지 않은 사람들은 불안정합니다. 여전히 자아중심적인 사고가 남아 있습니다. 자기 혈기가 남아 조급합니다. 초점이 제대로 맞추어져 있지 않습니다. 광야에서 말씀을 들은 사람들과 전혀 다른 삶을 사는 것입니다.

사역이 많아 정신없이 바쁜 시간을 보내면 비즈니스맨이 되기 딱 좋습니다. 이런 환경에서 1년만 보내 보십시오. 깡통이 됩니다. 3년을 버티면 거의 벼랑 끝입니다. 잔머리만 남고 눈치로 삽니다. 사역은 하고 있지만 영성은 바닥이 납니다. 사람들이 눈치 챌까 두려워 옷을 두껍게 입습니다. 위선을 떠는 것입니다. 하늘의 소리가 끊긴 것입니다. 하나님이 말씀하셔도 듣지 못합니다.

역사 속에 기독교가 타락했을 때, 교회를 지킨 것은 다름 아닌 수도원의 영성입니다. 맑은 샘물을 흘려보냈습니다. 그들은 광야에 있는 사람들이었습니다. 교권의 타락과 교회의 제도권 속에서 권력의 암투가 일어날 때 광야로 간 사람들이었습니다.

그러나 우리는 지금 도시에 있습니다. 이권과 사리사욕에 눈이 멀었습니다. 연말에 각 부서마다 변동이 일어나면 왜 그렇게 말들이 많습니까? 누가 어떤 자리에 앉을 것인지 왜 그렇게 관심을 갖습니까? 누가 얼마나, 어떻게 힘을 갖게 될 것인지 궁금한 것입니다.

신문을 읽으면서 무엇을 봅니까? 대문짝만하게 나온 인사들의 얼굴을 보면서 무엇을 느낍니까? 아무 생각 없이 태연하게 보고 있습니까? 우리는 분별력이 떨어져서 그것이 무엇을 의미하는지도 모릅니다. 그러니 목사의 설교가 평신도 큐티 수준에도 못 미치는 것입니다. 사색의 깊이가 없으면 그럴 수밖에 없습니다.

금욕주의자가 되라는 것은 아니지만, 때로는 금욕적인 시간, 말도 음악도 멈추는 시간이 필요합니다. 우리는 수시로 광야로 가야 합니다. 도시의 수도사들이 되어야 합니다. 그곳에서 사색의 시간을 가져야 합니다. 광야는 내 의지로 결정하는 것입니다. 사무실에 앉아서 인터넷 뉴스 보며 시간을 허비하지 말고, 어두운 구석에서 하늘의 음성에 집중하며 시간을 보내십시오.

나만의 광야가 있습니까? 지금 우리에게 광야가 있어야 합니다. 동역자들과 커피를 즐기는 것도 좋습니다. 그러나 그 전에 광야를 거쳐야 합니다. 무리에서 빠져나오기 바랍니다. 아무에게도 방해받지 않는, 하나님과 나만이 독대할 수 있는 시간을 만드십시오.

광야는 공간의 문제이기 이전에 시간의 문제입니다. 독립된 시간을 만드는 것, 홀로 말씀을 묵상하고 기도할 수 있는 시간을 확보하는 것이 관건입니다. 새벽기도회 5~10분 전에 왔다가 끝나자마자 가는 것은 광야에 있었던 것이 아닙니다. 의무 수행, 의무 방어입니다. 새벽에 사람들이 오기 전, 그때가 하늘이 열리는 시간입니다. 사람들이 있을 때는 이미 다른 시간입니다. 그때는 공동체와 함께하는 시간입니다. 모두가 다 떠나고 홀로 있는 그때가 하늘이 열리는 시간입니다.

chapter 2.

우리 목표는
무병장수가 아닙니다

헤롯이 세례 요한을 감옥에 가둡니다. 자신이 형수 헤로디아와 불륜을 맺은 사실을 그가 책망했기 때문입니다. 세례 요한은 권력에 짓눌리거나 위축되지 않고 왕의 죄를 지적했습니다. 결국 그는 순교를 당합니다. 쟁반 위에 목이 잘려 올라갔습니다. 외국 유명 화가들이 이 상황을 그린 그림을 본 적이 있는데 정말 섬뜩했습니다.

과연 저를 포함한 이 시대 목사 중에 당시로 거슬러 올라간다면 세례 요한처럼 할 수 있는 사람이 몇이나 될까요? 그런데 이것이 우리의 역할입니다. 우리는 선지자로서 생명을 건 선포를 해야 할 때가 있습니다. 내 신분과 가지고 있는 기득권을 다 잃을 수도 있습니다. 그럼에도 두려움 없이 권력 앞에 선포할 수 있어야 합니다. 이것이야말로 진정한 선지자입니다. 선지자가 입을 닫으면 안 됩니다.

우리 시대에 선지자적 설교가 있습니까? 제사장적 설교는 많은데 선지자적 설교가 없습니다. 둘 다 필요하지만 설교의 자리에 의로의 메시지만 가득합니다. 그러나 회중들을 위해서 때로는 회개를 촉구해야 합니다. 그럼에도 이 시대는 회개의 메시지를 듣기가 어렵습니다. 설교자가 몸을 사리는 것입니다.

지금 내가 처한 위치를 보십시오. 위험합니까, 안전합니까? 목회자의 길은 안전하지 않습니다. 우리에게 "나를 따르라"고 하신 예수님은 무병장수를 목표로 하지 않으셨습니다. 고작해야 나이 서른을 조금 넘기고 십자가형을 지셨습니다. 우리는 주님을 따르는 사람들입니다. 길게 사는 것을 목표로 하지 마십시오. 우리 목표는 안전한 삶이 아닙니다.

사역은 생명을 걸어야 할 수 있습니다

세례 요한의 삶은 길게 늘어지지 않았습니다. 짧고 굵었습니다. 아주 분명하게 예수님을 따른 삶이었습니다. 그러나 세상적으로 보면 젊은 나이에 요절한 것입니다. 예수 그리스도의 길을 평탄하게 하고, 그의 길을 준비하고, 그를 위해 살았지만 말씀을 말씀대로 선포했다는 이유로 목이 잘려 죽었습니다.

주님을 위해 산다는 것은 아무것도 보장받을 수 없는 곳으로 가는 것입니다. 일평생을 수고하고 고생해도 인간적으로는 아무것도 남지 않을 수 있습니다. 대접받기는커녕 그냥 목이 잘린 채 죽어 나갈 수도 있습니다. 그러니 내가 교회를 위해 얼마나 수고하고 애썼는데 교회는 나를 위해 이것밖에 안 해주나 하지 마십시오. 교회나 교인들을 향해서 섭섭하다고 하지 마십시오. 세상 것 바라지 마십시오. 교인들이 몰라줘도 시험들지 마십시오. 그저 주님을 위해 나선 것 자체가 복입니다.

길게 살면 하나님 영광을 가릴 일이 많이 일어납니다. 얼마 전 수영로교회 정필도 원로목사님이 "내가 하나님 영광 가릴 것 같으면 자다가 하나님이 심장마비로 데려가시면 좋겠다"고 하셨는데, 그 마음이 무엇인지 정말 공감이 되었습니다. 우리는 아차 하면 하나님 영광을 가립니다. 젊은 날 목회 잘하다가 말년에 넘어진 목사가 한둘이 아닙니다. 그들을 둘러싼 추문이 넘쳐납니다.

하나님을 위해 부름 받았고, 그것을 위해 살아가고 있다면 지나간 자리를 깔끔하고 멋지게 만드십시오. 저도 30대가 엊그제 같은데, 호주에 있다가 한국에 오니 어느덧 60대가 되어 버렸습니다. 세월이 참 빠르게 흐릅니다. 100년도 금방 갈 것 같습니다. 그 세월 붙잡으려고 애써 봐야 추해지기만 합니다. 100년 사나 50년 사나 거기서 거깁니다. 오래 살아 봐야 시끄럽고 복잡하기만 합니다. 죽는 것을 두려워하지 마십시오. 죽는 것 두려워하면 사역 못 합니다. 생명을 거십시오. 그래야 사역할 수 있습니다.

돈으로 사는 사람도 이때다 싶을 때는 목숨을 겁니다. 하물며 그 돈과는 게임도 안되는 절대 가치를 붙들고 살면서 죽을 것을 두려워합니까? 복음에 꽂히면 죽어도 하는 것입니다. 물러설 수 없습니다. 사생결단, 일사각오의 자세가 필요합니다. 노벨 문학상을 수상한 유명 극작가 조지 버나드 쇼(George Bernard Shaw)의 묘비에는 "우물쭈물하다가 내 이럴 줄 알았다"는 글귀가 적혀 있다고 합니다. 그야말로 인생 공친 것입니다. 내 묘비명에도 이런 글귀를 적겠습니까?

과거에 우리 선배들이 어렵고 힘든 시대에 땀을 흘렸다면 지금은 피를 요구하는 시대입니다. 아니, 피를 흘려도 과거 땀을 흘렸던 것보다 열매가 적을 수 있습니다. 그런데 우리는 지금 우리 선배들이 땀을 흘린 것만큼도 흘리지 않습니다. 목사의 근무 환경이 너무 좋습니다. 세련됐습니다. 에어컨, 히터 빵빵하게 나오는 사무실에 앉아서 커피 향을 음미하며 인터넷 서핑을 합니다. 정말 이러다 다 같이 죽는 것 아닌가 하는 생각이 듭니다.

피아니스트 조성진은 스무 살의 나이에 세계 3대 콩쿠르 중 하나인 쇼팽 국제피아노콩쿠르에서 1등을 했습니다. 이 1등은 그냥 주어진 것이 아닙니다. 피나는 연습을 한 결과입니다. 생명을 건 것입니다. 발레리나 강수진도 하루 열여덟 시간을 연습에 매진했다고 합니다. 생명을 바치지 않고 얻어지는 것이 어디 있습니까? 나에게 있는 에너지를 다 써 보십시오. 생명을 걸어서 해 보십시오. 안 되면 이상한 일입니다. 안될 리가 없습니다. 이것이 순교의 영성입니다.

이왕 우리가 몸살 날 것이라면 다른 데서 운동하다가 나지 말고 주님 일 하다가 나야 하지 않겠습니까? 이왕 코피 터질 거 밤 늦게까지 영화 보다가 날 게 아니라 새벽기도 하면서 터져야 하지 않겠습니까? 사도 바울이 "사는 것이 그리스도니 죽는 것도 유익함이라"(빌 1:21)고 말했던 것처럼 해 보십시오. 그는 늘 죽음을 생각할 수밖에 없었습니다. 감옥에 들락날락하고, 돌에 맞고, 주먹에 맞고, 내동댕이쳐지고, 갖은 핍박을 다 당했습니다. 그러니 왜 죽고 싶지 않았겠습니까?

세례 요한의 삶은 요나단을 연상시킵니다. 요나단은 다윗을 자기 생명같이 사랑해(삼상 18:1) 그를 왕으로 세우는 일에 목숨을 겁니다. 그러나 정작 다윗이 왕이 되었을 때 그는 거기에 없었습니다.

사실 요나단은 왕위 계승 1위의 사람입니다. 그러나 그는 왕위를 놓고 다윗과 경쟁하지 않았습니다. 오히려 다윗을 위해서 모든 것을 희생합니다. 들러리 영성의 진수입니다. 다윗을 하나님이 세우신 왕으로 인정한 것입니다. 만약 그러지 않았다면 다윗과 요나단 사이에서 피 튀기는 전쟁이 일어났을 것입니다. 그런데 요나단은 철저히 다윗을 세우고 죽습니다. 왕 되시는 예수 그리스도의 길을 준비한 세례 요한의 삶을 산 것입니다.

우리 사역의 마지막 또한 이러해야 합니다. 주를 위해 살다가 주를 위해 죽는 삶이어야 합니다. 우리는 세례 요한에게서 죽음의 영성을 배워야 합니다.

현장에 뛰어들 야성이 있습니까

세례 요한은 광야에서 지내면서 야성을 잃지 않았습니다. 광야는 비닐하우스가 아닙니다. 한순간에 무슨 일이 일어날지 모르는, 폭풍우가 몰아치는 곳입니다. 여기에는 종교적 세련미가 하나도 없습니다. 스펙도, 세상적 가치관도 없습니다. 비제도권 영역입니다. 반면 유대 지도자들은 제도권 영역의 삶입니다. 멋진 성전에서 화려한 옷을 입고 제사를 드리던 제사장들의 삶도 마찬가지입니다. 광야와는 전혀 다릅니다.

제도화된 사역자, 정형화된 사역자들은 망합니다. 거기서는 선한 것이 나올 수가 없습니다. 틀에 꽉 박힌, 예상 가능한, 기대할 것이 하나도 없는 것이 당시의 유대 종교입니다. 마치 우리가 컴퓨터 앞에 앉아서 프로그램 짜겠다고 머리 쓰고 있는 것과 비슷합니다. 이런 사역은 미래가 없습니다.

물론 이런 것들을 무조건 무시하고 포기하라는 말은 아닙니다. 그러나 거기에서 찾아올 수 있는 위험을 간과하지 말라는 것입니다. 오늘날 우리는 야성을 잃어버렸습니다. 신분과

생활이 보장되고, 삶이 안정되면 동물원에 사는 사자가 되는 것입니다. 던져 주는 먹이가 있는데 왜 벌판에 나갑니까? 문을 열어 줘도 안 나가는 것입니다. 그러나 진정한 야성은 들판으로 나가야 찾을 수 있습니다. 나를 거칠게 몰고 가야 합니다.

도시의 영성은 부드럽습니다. 그러나 세례 요한의 영성은 거칩니다. "독사의 자식들아, 회개하라!"고 말했습니다. 자기 밥그릇을 전혀 고려하지 않았습니다. "죽이려면 죽여라! 그러나 나는 할 말은 해야겠다!" 하는 것입니다.

제가 시드니에 있을 때 킹스크로스 근처 환락가에 교회 청년들이 가서 전도를 했는데, 그곳에서 몸을 팔던 자매가 복음을 받아들였습니다. 그 자매가 전화번호 달라고, 이번 주에 당신 교회에 가겠다고 하니 다들 깜짝 놀랐습니다. 교회 전체가 야단이 난 것입니다. 그 자매가 진짜 교회에 왔습니다. 포주가 도망가지 못하게 채워 놓은 쇠고랑 같은 것을 차고, 립스틱을 짙게 바르고, 야한 옷을 입고, 향수를 풍기면서 왔습니다. 그 자매를 하나님께 인도하는 일은 쉽지 않았습니다. 그러나 그런 자매의 삶에 뛰어들어 건져 내는 것이 야성입니다.

교인들의 삶의 현장에 들어가서 보면 느끼는 바가 있을 것입니다. 기구한 사건들이 수도 없이 일어나고 있습니다. 열 가정 중 아홉 가정이 엉망진창입니다. 불륜이 한두 건이 아니고, 외도가 무슨 유행 같습니다. 많은 아이들이 가출을 하고 거리로 나옵니다. 가정이 이 아이들을 품어 주지 못합니다. 부모가 자녀를 책임지지 않습니다. 어린아이들을 성매매 대상으로 삼기도 합니다. 윤락가의 여성들은 인권이 없습니다. 그뿐입니까? 교회 안에서 불법적인 일을 벌이고 있는 교인도 있습니다.

그 한가운데로 몸을 던지는 사람이 있어야 합니다. 개척 정신을 가지고 비닐하우스 같은 사무실을 찢고 나가야 합니다. 무조건 개척을 하라는 말이 아니라, 비록 내가 지금 있는 곳이 대형교회 사무실이더라도 개척 정신으로 교인을 만나 그들의 삶으로 들어가라는 말입니다. 그곳이 개척지입니다. 눈물과 고통이 있는 삶의 현장은 총천연색입니다. 남의 터에 집 짓지 말고, 남 따라가지 말고, 뻔한 사역만 하면서 왔다 갔다 하지 말고 새로운 길을 여십시오. 생명을 살리는 현장으로 가십시오. 얻어맞을 수도 있습니다. 경찰서에 왔다 갔다 할 수도 있습니다. 그게 야성입니다.

그런데 우리는 손에 더러운 것 묻히기 싫어합니다. 옷에 피 묻히기 싫고, 피 흘리기도 싫습니다. '이 정도 수준에서 끝내자' 합니다. 의미 없이 "기도해 드릴게요" 하고 돌아섭니다. 온실 안에 갇혀 있는 것입니다. 그러나 사역자라면 현장에 있어야 합니다. 상처로 가득한 가정을 만났다면, 그런 가정의 교인을 만나 그들의 눈물을 봤다면 그 영혼을 살려달라고 밤을 새워 기도해야 합니다. 우리는 너무 신사적인 사람들이 됐습니다. 제도화가 된 것입니다. 그러나 교인의 삶에 조금만 깊이 들어가 보면, 어떤 때는 '그 피눈물 나는 얘기를 듣고도 잠이 오는가! 내가 가짜가 아닌가!' 하는 생각에 치를 떨게 됩니다.

폭풍우 같은 교인의 삶에 뛰어 들 야성이 있습니까? 칼을 들고 수술할 자신이 없어서 겉으로만 살살 만져 주고 끝내고 있지는 않습니까? 그러나 수술이 필요하다면 해야 합니다. 이 시대를 향해 밀고 들어가는 야성은 거칠어야 합니다. 불의와 싸워야 합니다.

기독교는 이론이나 철학을 성취해 나가는 것이 아닙니다. 행동하고 실천하지 않으면 아무것도 아닙니다. 연구도 하고 독서도 하고 이론적인 노력도 해야 하지만 진리를 행동으로 표현하는 것이 중요합니다. 세례 요한은 행동하는 그리스도인입니다. 그는 바리새인과 사두개인들에게 "회개에 합당한 열매를 맺고"(마 3:8)라고 합니다. 행동으로 증명하고, 믿음을 보이라는 것입니다.

이 시대에 필요한 세 가지 메시지

그리스도를 증거한 세례 요한의 메시지에는 세 가지 중요한 키워드가 있습니다.

첫째는 그리스도입니다. 그의 메시지는 처음도, 끝도 그리스도입니다. 우리의 설교와 사역, 목회의 중심이 여기에 있습니다. 우리가 전할 것은 오직 그리스도 한 분뿐입니다. 어떤 프로그램을 하든, 집회를 열든 거기에 그리스도가 있어야 합니다. 그리스도가 없다면 아무것도 없는 것입니다.

오늘날 교회 안에 그리스도가 없습니다. 메시지에 그리스도가 없습니다. 그리스도를 드러내지 못하면 그 사역은 실패입니다. 그리스도가 드러나지 않은 설교는 설교가 아닌 것입니다. 교인들을 치유하는 것이 사역의 핵심은 아닙니다. 병이 낫든, 낫지 않든 교인들이 그리스도를 알아야 합니다. 그것이 우리의 목적이 되어야 합니다.

그러니 우리는 병원에 심방을 가서도 살려달라는 기도만 하지 말고, 그리스도를 전해야 합니다. 이 과정에서 교인이 상처를 받을 수도 있습니다. 그래도 그리스도를 전해야 합니다. 상처 안 받게 하는 것이 중요한 것이 아닙니다. 사람이 많이 모이는 것이 중요한 것이 아닙니다. 사역의 실적을 올리는 것이 전부가 아닙니다. 전도 집회도 마찬가지입니다. 선물, 프로그램, 이벤트 등 여러 가지를 준비하겠지만, 거기에 그리스도가 없으면 실패한 것입니다. 처음 교회에 나온 사람들이 그리스도를 봐야 합니다. 그게 없으면 땀 흘려 준비한 것이 다 허사가 됩니다.

세례 요한은 끝없이 그리스도에 집중합니다. 사람들은 그런 세례 요한에게 몰려들기 시작합니다. 그의 등장은 당대에 큰 화제였습니다. 이스라엘은 "혹시 저자가 메시아가 아닌가" 하면서 세례 요한에게 집중했습니다. 그러나 세례 요한은 단호했습니다. "나는 그의 신을 들기도 감당하지 못하겠노라"(마 3:11) 하며 "나는 메시아가 아니다"라는 사실을 확실하게 전합니다. 이렇게 내가 나를 부인할 때 그리스도에 초점이 맞춰지고 그분이 드러납니다.

목회 초년 시절에는 이것이 무엇인지 잘 모릅니다. 그러나 목회가 커지고, 유능해지고, 이름이 나면 위험합니다. 루브르 박물관에 모나리자를 소개하는 안내원이 관광객들 앞에서 열심히 설명을 하고 있는데, 어느 관광객이 짜증을 내며 "좀 비켜요. 나는 당신을 보러 온 것이 아니라 모나리자를 보러 왔다고요" 했다고 합니다. 이번에 이 프로젝트 끝내주게 해서 교인들에게 인정받겠다는 꿈을 깨기 바랍니다. 내가 돌보는 양은 주님 것입니다. 내 양이 아닙니다. 주인공은 따로 있습니다.

우리는 겸양을 떠는 것이 겸손인 줄 압니다. 그러나 진짜 겸손은 그리스도를 높이는 것입니다. 그리고 그것은 끝없는 자기부정에서 나옵니다. 많은 사람과 사역하면서 경쟁하고 의식하고 내 존재를 부각시키고 싶은 마음이 있다면 다 내려놓으십시오. 그리스도께 집중하십시오. 나를 세우고 내리는 것은 주님이 알아서 하실 일입니다. 내가 할 일은 그저 주님만 높이는 것입니다.

> 내가 그리스도와 함께 십자가에 못 박혔나니 그런즉 이제는 내가 사는 것이 아니요 오직 내 안에 그리스도께서 사시는 것이라 갈 2:20

둘째는 회개입니다. 이것은 가장 본질입니다. 그리스도를 소개하는 이유는 죄의 문제를 건드리기 위해서입니다. 여기에서 본질적인 변화가 일어납니다.

어떤 사역자는 훈련으로 사람을 바꾸려고 합니다. 훈련지상주의에 빠져 있습니다. 심리학적 접근이나 자기개발적인 인간중심의 접근을 하기도 합니다. 이런 것들은 하나의 과정이고 도구이며 수단이지 본질이 아닙니다. 그 안에 성령의 역사가 일어나야 합니다. 그러기 위해서는 죄를 다루어야 합니다. 창조와 타락을 알아야 합니다. 우리 삶 속 모든 문제의 한 가운데는 죄가 있다는 사실을 알아야 합니다.

가정이 깨어져 힘들어 합니까? 그 가정 한가운데 있는 죄가 무엇인지를 들여다봐야 합니다. 부자 교인을 만나도 그 안에 죄를 보는 눈이 있어야 합니다. 우울증 환자를 만나도 그 안에 죄를 봐야 합니다. 열심히 봉사하고 헌신하는 교인이 있어도 겉으로 드러나는 것이 다가 아닙니다. 사역자가 죄를 다루지 않으면 송장을 다루는 장의사와 마찬가지입니다. 죽은 시체를 만지고 있는 것입니다. 회심이 일어나지 않고 자신의 죄인됨을 고백하지 않고 그리스도를 만난 경험이 없는데 송장과 다를 것이 무엇입니까?

암 환자에게 파스를 붙여 주고 집에 가라고 해서는 안 됩니다. 아프고 고통스럽지만 칼을 대고 암 세포를 떼어 내는 과정을 거쳐야 합니다. 쉽지 않습니다. 그러나 그렇게 죄를 깊이 다루지 않으면 복음으로 다가갈 수 없습니다. 복음이 강력하게 터지는 지점은 죄의 문제가 다뤄질 때입니다.

그런데 죄를 적나라하게 다루는 교회가 줄어들고 있습니다. 이제는 거의 없는 것 같습니다. 심지어 이제는 죄를 말하지 말라고 하는 교회도 생겨납니다. 하나님의 관점이 아니라 심리학적 관점, 인간적인 관점으로 너무 치우쳐 버린 것입니다.

언젠가 집회를 계획하면서 성령대집회가 아니라 회개집회를 열자고 제안한 적이 있습니다. 주변의 반대가 있었습니다. 그러면 사람이 모이지 않는다는 것입니다. 우리가 예배를 드리는 것은 사람을 모으기 위해서가 아닙니다. 바리새인이 멀리 있지 않습니다. 우리가 지금 회개의 삶을 살지 않으면 다 바리새인이 되는 것입니다. 속은 다 썩었는데 인간의 노력으로 자기를 포장하고 있는 것입니다. 경건의 모양은 있는데 능력은 없는 것입니다. 과연 살인, 간음을 안 했습니까? 사람을 미워하고 음욕을 품었으면 이미 그 죄를 짓고 있는 것입니다. 그런데도 회개를 안 합니다. 양심이 마비가 되고 있습니다.

죄를 짓고 살면 회개가 안 됩니다. 이미 더러워져 있어서 그렇습니다. 바리새인들이 그랬습니다. 종교적인 사람들이 종교로 자기를 포장했습니다. 그러나 참회록은 죄인들이 결코 쓸 수 없는 것입니다. 성자만이 참회록을 씁니다. 맑은 영성으로 들어가면 더 깊은 죄가 보입니다.

죄를 다루지 않으면 영성은 없습니다. 죄를 다루지 않고는 깨지지도 않습니다. 죄를 깊이 있게 다루는 설교를 해야 합니다. 죄에 대한 하나님의 진노를 설교해야 합니다. 삶을 바꾸는 설교를 연구해야 합니다. 메시지의 무게가 큽니다. 하루 하고 끝나는 것이 아닙니다. 우리는 날마다 죄를 짓습니다. 생각으로는 별의별 죄를 짓습니다. 우리가 은혜 아래서 복음으로 매일을 살 수 있는 것은 계속해서 죄를 다룰 때만 가능합니다.

중요한 것은 설교자 자신도 매일같이 자신의 죄 문제를 다뤄야 한다는 것입니다. 이것이 가장 중요합니다. 다른 사람의 허물이 아니라 나 자신에게 회개를 선포하십시오. 그렇지 않으면 심장을 깨뜨리는 설교를 할 수가 없습니다. 그냥 귀가 즐거운 설교만 할 뿐입니다. 그런 설교에는 복음의 능력이 없습니다.

복음의 능력을 아는 사람은 죄를 지적하는 것을 두려워하지 않습니다. 심방을 가서도 교인들에게 "회개하세요" 할 수 있는 것은 복음에 대한 깊은 확신과 경험이 있어서 그렇습니다. 그런데 그런 담금질이 없었던 사람은 두려워서 그런 말을 함부로 못합니다. 물론 복음 없이 죄만 지적할 수도 있습니다. 하지만 그것은 사람 잡는 율법입니다. 그냥 남 비난하고 흉이나 보는 것과 다를 게 없습니다.

지금은 타락한 시대입니다. 죄를 보는 기준이 한없이 낮아져 있습니다. 가정을 깨고도 철면피처럼 또 다른 가정을 만듭니다. 교회를 다니고 봉사하고 직분을 가졌는데도 바람을 피우고 혼외자식을 만듭니다. 그러니 목사들이 공동체를 못 만들겠다고 합니다. 그 안에서 별별 일이 다 일어납니다. 심지어는 목사 자신이 성적 타락으로 무너집니다. 그런데 이런 뿌리 깊은 죄를 그냥 묻고 가려고 합니다. '쉿' 하고 살짝 해결하려고 합니다. 소문내 봐야 좋을 것 없다고 합니다. 그러다가 죄의 뿌리가 너무 깊어지면 곪고 터집니다.

그 죄들을 드러내야 합니다. 목사는 죄의 밑바닥까지 내려가서 고민하고, 고통하고, 절망하다가 그 끝에서 십자가를 만난 경험이 있어야 합니다. 복음을 말하기 전에 죄를 먼저 다뤄야 합니다. 그래야 복음을 이해할 수 있습니다. 우리의 사역 현장은 다른 곳이 아닙니다. 죄가 완연한 곳입니다. 우리가 싸워야 할 것은 죄입니다. 이것이 사역의 핵심입니다.

셋째는 하나님 나라입니다. 세례 요한은 "회개하라 천국이 가까이 왔느니라"(마 3:2)고 말합니다. 즉 하나님 나라를 선포한 것입니다. 이것은 예수님의 설교 핵심과도 일맥상통합니다. 우리의 일은 조직 강화가 아닙니다. 제도화가 아닙니다.

교회는 하나님 나라 안에 있습니다. 우리가 이루어 가야 할 것은 교회의 성장이 아니고 하나님 나라입니다. 따라서 우리가 전도하고 예배하는 것은 하나님 나라를 위해서입니다. 교회를 섬기는 목적 또한 하나님 나라입니다. 교회가 잘되기만 바라보고 있으면 하나님 나라를 놓치는 것입니다.

눈에 보이는 것을 너무 강화하지 마십시오. 제도화를 막고 개교회주의를 극복하십시오. 하나님 나라를 비전으로 두십시오. 내 것을 챙기지 마십시오. '그 나라가 이 땅에 임하기 원합니다' 하고 기도하십시오. 특별히 내 안에서부터 하나님의 통치가 이루어지게 하십시오. 내 안에서 하나님 나라가 확장되면 그 안에서 사역이 이루어집니다. 그런데 이것이 안 되고 교회만 커지면 위험해집니다. 교회가 내 것이 됩니다. 나를 과시하고 내 왕국을 키우는 것입니다. 내가 왕 되는 지름길입니다.

우리는 너무 교회 울타리 안에 갇혀 있습니다. 개교회주의에 빠져서 교회 안에서 숫자만 늘리고 있는 동안 세상은 사탄의 왕국이 되도록 방치했습니다. 우리는 세상의 나라를 섬기는 것이 아닙니다. 아무리 세계적인 규모의 대형교회가 있다 한들 하나님 나라와는 비교할 수 없습니다. 스케일이 다릅니다. 훨씬 넓습니다. 우리도 이런 통합적인 세계관을 가져야 합니다.

기도도 하나님 나라 관점에서 해야 합니다. 정치, 경제, 사회, 문화 모든 영역에 하나님의 통치가 임하도록 기도해야 합니다. 돈 있는 교인은 돈이 하나님의 통치 아래 있도록 해서 그 부를 하나님의 왕국이 임하는 곳으로 옮기도록 해야 합니다. 우리의 자녀, 다음 세대에게도 이 하나님 나라의 개념을 심어줘야 합니다. 하나님 나라 안에 교회가 있는 것입니다. 하나님 나라를 무시하면 교회가 온전할 수 없습니다.

교회의 세속주의를 이겨 내십시오

목사는 직장인이 아닙니다. 시간 되면 월급 나오고, 퇴직 후에는 퇴직금을 받는 직업이 아닙니다. 세례 요한은 위험한 삶을 선택했습니다. 내가 하나님의 사람이라면 그래야 합니다. '주님, 이 시대에 내가 무얼 하기 원하십니까?' 물으십시오. 왜 하나님의 음성을 듣지 않습니까? 나를 위험한 곳으로 보내실까 봐, 오지로 보내실까 봐 그렇습니까? 그러나 두려워하지 마십시오.

복음이 들어가면 전복적 삶을 살게 됩니다. 천하를 어지럽게 하는 사람이 되는 것입니다. 하나님은 그런 사람을 벼랑 끝으로 몰고 가십니다. 떨어져 죽을 것 같습니까? 안 죽습니다. 거기서 하늘을 날게 될 것입니다.

성경은 세례 요한을 뭐라고 표현합니까? "여자가 낳은 자 중에 세례 요한보다 큰 이가 일어남이 없도다"(마 11:11)고 합니다. 세례 요한은 초림 예수가 오시는 길을 준비했다면 이제 우리는 재림하실 그리스도를 준비하는 자들로, 그리스도의 신부 된 자들로서 거룩한 옷을 입어야 합니다.

교회를 세속주의가 휘젓고 있다면 우리가 살려야 합니다. 그대로 빠질 수 없습니다. 이겨 내야 합니다. 순결한 그리스도의 신부로 남아야 합니다. 주의 길을 예비하려면 높은 산과 골짜기를 다듬어야 합니다. 발에 걸려 넘어질 것이 있으면 깎고, 빠질 웅덩이가 있으면 메워야 합니다. 그러려면 우리에게 세례 요한과 같은 영성이 필요합니다.

교인들은 마실 물이 없다고 아우성입니다. 만약 우리의 맑은 영성에서 흘러나오는 말씀이 있다면 하나님은 지금이라도 그 소리를 통해 구원의 역사를 일으키실 것입니다. 분주한 일상 속에서 허공을 치는 사역이 되어서는 안 됩니다. 생수의 강이 흘러나와야 합니다. 그 소리 한가운데 그리스도가 있어야 하고, 죄를 정확하게 지적해야 하며, 하나님 나라를 선포해야 합니다.

건성건성 하는 목회는 안 됩니다. 십자가의 도가 선명하게 전달되어야 합니다. 죄에 찌들어 사는 사람을 구원해 내는 도구로 쓰임받기 원합니다. 예수 그리스도의 재림을 준비하는 일에 우리 삶이 쓰이게 될 줄 믿습니다.

chapter 3.

고난을
당연하게 여기십시오

요즘 추락하는 교회가 너무 많습니다. 그리고 보면 목회는 재주 있다고 되는 것도 아니고, 준비를 많이 했다고 되는 것도 아닌 것 같습니다. 인간적인 눈으로 보기에는 다 갖췄는데도 한방에 무너집니다.

> 너희 중 장로들에게 권하노니 나는 함께 장로 된 자요 그리스도의 고난의 증인이요 나타날 영광에 참여할 자니라 벧전 5:1

이 말씀은 장로들에게 권하고 있지만 사실 목회자에게도 적용됩니다. 베드로는 고난을 자주 이야기합니다. 우리는 그리스도의 고난의 증인이라는 것입니다. 그런데 우리는 자꾸 반대쪽으로 갑니다. 개척보다는 다 갖춘 곳으로만 가려고 합니다. 편한 길을 선택합니다. 그러니 다 갖추고도 실패하는 것입니다.

가장 중요한 것은 은혜입니다. 내가 목회를 10년 했든, 20년 했든, 지금 시작했든 우리는 늘 하나님의 은혜를 구해야 합니다. 내가 조금 부족해도 은혜가 임하면 됩니다.

사역자의 삶에 고난은 필수입니다. 그러니 고난을 두려워해서는 안 됩니다. 고난을 당연하게 여기십시오. 오히려 고난이 없으면 위험합니다. 고난이 없는데 하나님을 의지하겠습니까? 담임목사가 돼 보십시오. 모든 문제를 홀로 짊어져야 합니다. 책임을 져야 합니다. 그러면 기도가 달라지게 되어 있습니다. 간절해지게 되어 있습니다. 고난은 그런 것입니다. 우리가 더 하나님을 바라보게 하고, 우리를 점검하게 하며, 순결하게 빚으십니다. 힘든 일이 있어도 놀라지 말고, '올 것이 왔구나' 생각하기 바랍니다.

편한 곳을 추구하지 마십시오

고난은 다른 말로 희생을 의미합니다. 예수님이 십자가에서 왜 못 박히셨습니까? 우리를 위해 희생하신 것입니다. 우리 사역도 희생이 있어야 합니다. 희생 없이는 사역이라 할 수 없습니다. 때로는 물질로, 때로는 건강으로 대가를 치러야 할 때가 옵니다. 그러나 그 희생, 고난 뒤에는 영광이 옵니다.

고난은 내가 선택하는 것입니다. 예수님도 십자가의 길을 스스로 선택하셨습니다. 우리를 위해 고난을 택하셨습니다. 그것이 말할 수 없는 큰 은혜입니다. 그런데 우리는 예수님을 위해 무엇을 선택하고 있습니까?

지금 하고 있는 사역이 잘되어서 편안해지면 빨리 그걸 후배나 다른 사람에게 넘겨주십시오. 그리고 다시 어려운 곳을 선택해서 가십시오. '내가 이 정도로 수고하고 애를 써서 자리잡았으니 천년만년 만세반석 이곳에서 머물리라' 하면 위험해집니다. 편안한 곳은 우리가 있을 곳이 아닙니다. 지금 있는 곳이 힘들면 아주 제대로 일하고 있는 것입니다.

어려운 얘기만 하는 것 같습니까? 그러나 인간은 편안해지면 더 편안해지고 싶습니다. 그것이 인간의 이기심입니다. 우리는 일평생 이 이기심과 싸워야 합니다. 교회에서 기득권을 쥐고 앉아서 누가 가까이 오면 콱 물어 버리려고 하는 것도 결국 내 안전을 보장하려는 것입니다. 그러니 기득권을 포기하지 못하는 것입니다. 하나님은 그런 것을 원하지 않으십니다. 하나님이 부르시는 곳은 언제나 위험하고 힘든 곳입니다. 우리는 유목민적 삶을 살아야 합니다.

삼성그룹에서 일하던 사람들 이야기를 들어 보면 사내 시스템이 완벽합니다. 연봉도 끝내줍니다. 그 자리를 박차고 나와서 창업하기가 쉽겠습니까? 도시의 대형교회에 가 보십시오. 거기서 사역하는 부목사들 중에 지금 있는 자리를 징검다리로만 생각하는 분들이 있습니다. 거기서 학위 공부하고, 몸 사리면서 사역합니다. 지교회 담임으로 발령받을 날만 기다리면서 말입니다. 결국 목회를 한다면서 출세의 길을 찾아가고 있습니다.

개척만이 정답이라는 말은 아닙니다. 중요한 것은 편한 곳만 좋아하지 말라는 이야기입니다. 나를 좀 거칠게 내몰 필요가 있습니다. 내가 처신 잘하고 자기관리 잘하면 하나님이 도울 여지가 없지 않겠습니까? 벼랑 끝에도 서 봐야 하나님이 절실하죠. 따뜻한 방에만 있는데 기도가 나오겠습니까? 위기의 끝에서 진정한 기도가 나오는 것입니다.

과거에 좋은 대우를 해주겠다고 제안한 교회도 있었는데 사표를 내고 나온 적이 있습니다. 무슨 정신으로 그랬는지 모르겠습니다. 다른 더 좋은 곳이 있어서 그랬던 것이 아닙니다. 그냥 편안한 자리에서 안주하기보다 새로운 길을 찾고 싶었습니다.

대책 없어야 하나님이 도우십니다. 내가 내 대책을 다 마련

하고 머릿속으로 계획을 다 세우고 있으면 하나님도 "너 알아서 해라" 하십니다. 하나님의 인도를 기다리고 있다면 두 다리 걸치지 말아야 합니다.

두려워하지 마십시오. 젊은 시절에 하나님의 인도를 따르는 것에 모두 걸어 보십시오. 나중에는 하고 싶어도 못 하는 때가 옵니다. 죽을 것 같아도 안 죽습니다. 내가 죽도록 하나님이 버려두지 않으십니다. 사실 우리는 사역하면서 빼앗기고, 나누고, 손해 보는 것보다 누리는 것이 더 많습니다. 예수 믿고 생명을 얻지 않았습니까? 그것만으로도 우리는 수지맞은 인생입니다. 그런데 십자가 앞에서 우리가 희생을 운운할 수 있습니까?

처음 호주에 갔을 때 3~4개월 만에 돈이 다 떨어졌는데 타지에서 얼마나 막막했는지 모릅니다. 그런데 그때 제가 경험한 하나님의 도우심은 인생 최고의 보석이 되었습니다. 말할 수 없는 내 안의 확신이 되었습니다. 생존의 문제가 걸리면 치열한 기도가 나옵니다. 교리에서만 끝나는 하나님이 아닙니다. 머리에 있는 하나님이 아닙니다. 하나님을 경험한다는 것은 이런 것입니다. 힘든 순간에 나를 도와줄 사람을 떠올립니까? 하나님의 도우심을 기다리십시오. 그분의 보호를 직접 경험하십시오.

우리는 "누가 그걸 모릅니까?" 합니다. 그런데 모르는 사람이 많습니다. 그러니 하나님만 의지할 수가 없는 것입니다. 그런데 그 하나님을 직접 경험하면 겁날 게 하나도 없습니다. 하나님이 굶으라면 굶어야죠. 죽을 수도 있습니다. 절벽에 매달려 있는데 하나님이 "손 떼!" 하시면 손 뗄 수 있습니까? 그런 태도로 사역해 본 적 있습니까?

자꾸 잔머리 굴리면서 계산하고 내 몫 먼저 챙기지 마십시오. 내 앞가림 하겠다고 '몇 년에는 학위 따고, 몇 년에는 이 정도 교회 가서 스펙 쌓고…' 하면서 계획하지 마십시오. 꿈 깨십시오. 내 계획대로 되는 길이 아닙니다. 말씀을 구하십시오. 내가 가야 할 곳이 있으면 하나님이 알아서 보내십니다. 하나님은 내가 날지 않고 안정을 추구하고 있을 때 둥지를 뒤흔드십니다.

우리는 카우보이가 아니라 목자입니다

베드로는 또한 우리에게 이야기합니다.

> 너희 중에 있는 하나님의 양 무리를 치되 억지로 하지 말고 하나님의 뜻을 따라 자원함으로 하며 더러운 이득을 위하여 하지 말고 기꺼이 하며 **벧전 5:2**

우리가 늘 기억해야 할 것은, 지금 내가 돌보는 양은 내 양이 아니라는 사실입니다. 그들은 하나님의 양입니다. 내 사람 만들겠다고 애쓸 필요 없습니다. 나에게 충성하도록 만들면 안 됩니다.

그런데 사역을 하다 보면 교인들이 상처를 받습니다. 왜 그럴까요? 목회자가 교회 사역에 교인들을 동원시켜 도구화하고 있어서 그렇습니다. 목사의 목표에 교인이 이용되고 있는 것입니다.

'돌본다'는 말은 사역에 있어서 굉장히 중요한 단어입니다. 교인들을 그리스도의 사람으로 자라게 하는 것이 바로 돌보는 것입니다. 우리가 교회에서 행사를 만들고 진행하는 이유가 무엇입니까? 교인들을 돌보기 위해서입니다. 왜 십일조를 합니까? 교인들을 돌보는 것입니다. '어떻게 하면 사람들이 많이 모일까?'를 고민하기 전에 '어떻게 하면 그들을 돌볼 수 있을까?'를 고민해야 합니다. 이것이 목양의 정신입니다.

많은 목회자가 카우보이 정신을 갖고 있습니다. 쌍권총을 옆에 딱 차고 말에 앉아 빨리 가라 채찍질을 합니다. 울타리를 치고는 그 밖으로 말이 나가지 못하게 합니다. 그런데 우리는 카우보이가 아니라 목자입니다. 베드로는 그 사실을 알고 있었습니다. 예수님께 직접 배웠습니다. "내 양을 치라, 내 양을 먹이라" 하셨던 말씀이 결국 목양인 것입니다.

교인들이 목사를 위해 존재하는 것이 아니라, 목사가 교인들을 위해 존재하는 것입니다. "선한 목자는 양들을 위하여 목숨을 버리거니와"(요 10:11)라고 했습니다. 정말 기본적인 것인데도 우리는 이 기본을 놓칠 때가 많습니다. 양이 목자를 너무 잘 섬겨 주니 헷갈립니다. 그런데 섬김은 당연한 것이 아닙니다. 양을 위해서라면 목숨을 버리는 것, 이게 당연한 것입니다.

그래서 목사들은 '월급'이 아니라 '사례금'을 받는 것입니다. 목자가 양을 돌보는 것은 먹고살자고 하는 일이 아니어서 그렇습니다. 교회에서 사례금 조금 준다고 불평하지 마십시오. 차라리 굶어 죽는 것이 낫습니다. 적게 주면 적게 생활하십시오. 밥이 부족하면 죽을 끓여 드십시오. 우리가 울어야 하는 것은 사례금이 적어서가 아니라, 잃어버린 한 마리 양 때문이어야 합니다. 그 잃어버린 한 마리 양을 찾기 위해 오늘도 안전하지 않은 곳으로 가야 합니다.

참 목자입니까?

가끔 예배 때 성전이 다 차서 들어오지 못하고 로비에서 예배드리는 사람들이 있습니다. 그때 신경질이 나서 그냥 가 버리는 사람도 있을 것입니다. 예배당에 우루루 들어왔다가 자리가 없어서 나가는 사람을 볼 때 저는 마음이 편치가 않습니다. 얼마나 힘들게 여기까지 올라왔을 텐데, 그대로 내려가서 로비에서 무슨 정신으로 예배 드릴 수 있을까, 다음 주에 또 교회에 올까 걱정이 됩니다. 그냥 보조의자 몇 개를 더 놓아서 안으로 들어오게 해주고 싶습니다.

잃어버린 한 마리 양을 찾는 목자의 마음이 나에게 있습니까? 주일학교가 어디인지 묻는 사람에게 "저쪽이요" 하고 대충 말하면 그 사이에 그 사람은 상처를 받습니다. 처음 교회를 찾은 사람이 저쪽이 대체 어디인지 알 수 있겠습니까? 양 한 마리의 가치가 존중되지 않는 구조는 그래서 위험합니다.

한 마리의 양을 돌본다는 것은 아주 어려운 일입니다. 많은 사람을 제치고 주일학교 현장까지 직접 새신자를 안내해 줄 마음이 있어야 합니다. 그곳 교사나 아는 사람을 소개해 주려는 세심함이 필요합니다.

어느 술집 마담의 수첩 이야기를 들었는데 고객 관리가 무척 꼼꼼하게 잘 되어 있었다고 합니다. 이 손님은 어떤 음식을 좋아하고, 어떤 말에 감동을 받고, 취향은 어떤지 아주 자세히 적혀 있었다고 합니다. 과연 우리의 심방 수첩은 어떤지 궁금

합니다. 혹시 '첫째 주 출석함, 둘째 주 출석함, 셋째 주 출석함, 넷째 주 출석함…' 정도로 가득하지는 않습니까?

양은 아차할 때 잃어버립니다. 양은 상처를 잘 받고 방향 감각도 부족합니다. 그러니 우리는 끊임없이 양을 잃어버릴 위험에 놓여 있습니다. 그런데 그 양을 누가 잘 찾습니까? 평소에 잘 돌보던 사람이 찾아 냅니다. 참 목자가 아니면 잃어버린 줄도 모릅니다. 내가 돌보는 양이 99마리인지 98마리인지도 모릅니다.

개척교회를 하는 목사님들 얘기를 들어 보면 이구동성으로 사람 한 명이 그렇게 귀하다고 말합니다. 그 귀함을 알아야 합니다. 찾기까지 잠을 이룰 수 없어야 합니다. 그들을 향한 사랑이 있어야 합니다. 양을 찾고자 하는 의지가 바로 사랑입니다.

잃어버린 양은 꼭 교회 밖에 있는 사람만 지칭하지 않습니다. 집 나간 탕자도 잃어버린 양이지만, 집에 있는 형도 탕자요 잃어버린 양입니다. 하나님이 택하신 백성, 유대인도 잃어버린 양일 수 있습니다. 교회 안에도 방황하는 잃어버린 양이 많습니다. 이들을 찾아 나서야 합니다.

하다못해 키우던 반려견을 잃어버려도 사람들은 포기하지 않고 끝까지 찾습니다. 내가 돌보는 양을 세십시오. 조직 관리를 하라는 얘기가 아닙니다. 상업적 논리로 머릿수를 세라는 말이 아닙니다. 양에게 관심을 기울이라는 의미입니다. 진심으로 그들을 대하고 이야기를 들어야 합니다. 나보다는 양에게 관심을 기울여야 합니다. 그렇지 않으면 양떼가 고생합니다.

목양의 일번지

어떤 교회는 목사 때문에 교인들이 힘들어 합니다. 담당 교역자가 없을 때 주의 종을 보내달라고 뜨겁게 기도하면서 교회가 성장했습니다. 그런데 기도 응답으로 담당 교역자가 온 이후 교인이 줄어드는 일이 일어나기도 합니다. 어떤 목자는 양을 흩어 버리기도 합니다. 목사 때문에 교인들이 천지사방으로 흩어지는 것입니다. 설교를 하면서 교인들을 쫓아냅니다. 마음에 안 든다고 특정 교인을 향해 정죄를 합니다. 교인의 인격을 박살 냅니다. 상처를 줍니다. 요즘 가나안 교인이 되어서 떠도는 사람이 수십만 명이라고 합니다. 목사가 사고를 쳐서 그렇습니다.

기가 막히는 이런 일들이 왜 일어날까요? 사역자가 자기중심으로 사역해서 그렇습니다. 물론 목사도 완전하지 않습니다. 약하고 상처가 있습니다. 그런데 목자가 치명적인 상처를 치유하지 않고 단에 서면 설교에서 쓴 물이 나옵니다. 그 쓴 물을 받아 먹은 교인들이 병이 나는 것입니다. 속이 부대끼는 것입니다. 그러니 흩어지는 것입니다.

죽은 교회는 생명의 역사가 일어나지 않습니다. 그저 우리만의 축제를 만듭니다. 그런 것은 의미가 없습니다. 집 나간 탕자가 돌아왔을 때 기뻐 잔치를 벌이는 모습이 우리 교회 안에서 일어나야 합니다. 새신자가 세례를 받는 날, 교회에서 제일 큰 축제를 열어야 합니다. 교회에서 이보다 더 큰 기쁨이 없기 때문입니다. 이것이 생명의 축제입니다.

사역의 꽃은 목양입니다. 목사가 기막힌 재능이 있는 것도 좋지만, 그 전에 심장을 가져야 합니다. 양을 끌어안고 돌보고 먹여야 합니다. 다른 것을 아무리 잘해도 목양을 못하면 다 소용없습니다. 다른 것을 너무 잘하려고 하지 마십시오. 목양을 열심히 하십시오. 정치에 빠지지 마십시오. 이상하게 목사들이 어느 나이쯤 되면 정치로 빠집니다. 정치의 영이 임하면 목양의 영이 떠납니다. 비참해지는 것입니다.

그래서 목양의 일번지는 목회자 자신의 영혼입니다. 내 안의 은혜가 풍성해야 젖이 풍성하게 나옵니다. 엄마 젖이 말라 버리면 아기는 떠돌면서 젖동냥해야 합니다. 그러니 교회에서 강사 초빙에 열을 올립니다. 담임목사 젖이 말라서 그렇습니다. 심방 가서도 할 말이 없습니다. 교인의 어려움을 공감해야 하는데 목사에게 그런 경험이 없으니 할 말이 없는 것입니다. "나도 삶의 위기가 있었어요. 그 위기에 이렇게 극복할 수 있었어요. 이럴 때는 다른 게 없어요. 하나님만 의지해야 해요" 하고 진심으로 이야기해 줘야 하는데 그게 뭔지를 모르니 기도도 그냥 기계적으로 합니다. 뜬구름 잡는 이야기만 하다가 옵니다.

그러나 사역은 디테일이 필요합니다. 사람의 영혼을 돌보는 일이니 얼마나 세심한 작업이겠습니까? 피상적이 되면 안 됩니다. 내 영혼부터 풍성하게 채우기 바랍니다.

베드로는 "양 무리를 치되 억지로 하지 말고 하나님의 뜻을 따라 자원함으로"(벧전 5:2) 하라고 합니다. 사역자가 반드시 기억해야 할 태도가 있습니다. 바로 '자원함'입니다.

처음 부임했을 때는 얼굴이 환합니다. 그런데 어느 날부터 기쁨이 사라집니다. 떠밀리듯 억지로 예배에 오고 교인들을 만납니다. 새벽기도도 보초 당번 서듯이 참석합니다. 영혼 없는 사역입니다. 이 자원함을 잃으면 사역이 위험해집니다. '의무감'으로 하게 되면 기쁨이 없습니다. 기쁨이 없으니 자꾸 화를 냅니다. 힘들다고 사람들을 찾고 도움을 구합니다. 그런데 기쁨 없이 화를 내는 사람을 누가 돕겠습니까? '내 인생이 얄궂게 되겠구나. 얽히고 싶지 않네' 하며 피합니다.

할 일이 많으면 '내가 재능이 많으니 나에게 주어지는구나' 생각하면 됩니다. 입이 쭉 나와서는 '내가 막내라고 다 나한테 떠넘기네' 하면서 불평할 필요 없습니다. 진짜 어떻게 해도 하기 싫으면 차라리 하지 않는 것이 낫습니다.

행복한 목사가 되십시오. 목사에게 기쁨이 있으면 사람들이 몰려오게 되어 있습니다. 기쁨은 숨길 수 없습니다. 얼굴에 다 드러납니다. 힘들 때도 마찬가지입니다. 약간 힘듦, 많이 힘듦, 죽기 직전이라고 얼굴에 다 나옵니다. 그래서 사역자는 항상 밝아야 합니다. 교인들 입장에서는 세상에서 고뇌하다가 그걸 좀 덜어 보려고 교회에 왔는데 목사가 똑같이 고뇌하고 있으면 길이 없는 것입니다.

그래도 행복이 없으면 자기 설득을 하십시오. 기쁨으로 감당하는 것이 능력입니다. 저는 교회에서 일을 하는 것이 정말 좋습니다. 교회에 있는 것이 좋습니다. 밥을 짓든, 청소를 하든, 화장실 청소를 하든 즐겁습니다. 그것이 주님을 섬기는 일이기 때문에 그렇습니다. 그 일에 끼워 주셔서 감사한 것입니다. 우리가 하나님 나라를 위해 헌신하는데 억울할 게 뭐 있습니까? 고난도 영광이요, 순교도 기쁨이죠.

목사가 행복하면 교인들도 행복합니다. 교인들에게 "목사님을 보니 마음이 행복해요" 하는 말을 들어야 합니다. 어떤 일이라도 밝게 해보십시오. 누구를 만나든 웃으며 인사해 보십시오. 사탄은 웃는 걸 못 합니다. 인상 꽉 쓰고 불평을 합니다. 그러나 하나님의 백성은 기뻐할 수 있습니다. 신약의 공동체는 부활의 공동체요, 축제의 공동체입니다. 아무리 힘들어도 십자가는 기쁘게 질 수 있습니다.

사역은 하면 할수록 수동태입니다

사역을 하다 보면 쉽게 빠지는 시험이 있습니다. 바로 과욕입니다. 과욕이 생기면 혈기로 일을 하게 됩니다. 자기 고집, 자아가 세서 그렇습니다. 하나님의 뜻보다 내 뜻이 강한 것입니다. 그러나 하나님의 뜻은 자연스럽습니다. 하나님의 일은 화평케 하는 것입니다. 질서가 있습니다. 물처럼 흐르는 아름다움이 있습니다. 무리하게 밀어붙이다가는 깨집니다. 아무리 목적이 좋아도 부드럽게 해야 합니다.

사역을 할 때마다 하나님의 뜻을 계속 물어야 합니다. "하나님의 선하시고 기뻐하시고 온전하신 뜻이 무엇인지 분별하도록 하라"(롬 12:2)는 말씀처럼 해야 합니다. 만약 내가 다른 사람보다 고집이 좀 세다 싶으면 이 말씀을 꼭 기억하십시오. 그렇지 않으면 사람들과 자꾸 부딪힙니다.

때가 안 됐는데 하나님보다 더 앞서려고 하면 사고가 터집니다. 하나님의 때에 하면 마치 봇물이 터질 때 그 위에 올라서는 것처럼 쉽게 갑니다. 그런데 내 고집대로 하면 하나님과도,

사람과도 동역할 수 없습니다. 너무 시끄럽고 복잡하면 하지 마십시오. 하나님의 뜻을 찾아야 합니다.

베드로는 "더러운 이득을 위하여 하지 말고 기꺼이"(벧전 5:2)하라고 했습니다. 더러운 이득을 위해 하는 일이란 바로 내 고집대로 하는 것입니다. 사역을 하는데 내가 목적이 되는 것입니다. 나를 세우고 나를 완성하고 나를 만족시키기 위해 하는 것입니다. 이것은 부당한 이익을 취하는 것입니다.

그런데 오늘날 대부분의 교회 문제는 돈입니다. 교인들이 보기에 사역자들이 돈 문제에서 깨끗하지 않다는 것입니다. 사역자는 돈을 만지지 않는 것이 좋지만, 만졌다면 1원이라도 정확하게 계산하고 영수증까지 받아 놓아야 합니다. 부당한 이익을 남기면 안 됩니다.

그리고 사역자가 돈에 있어서 손해 보려고 하지 않는 경우가 참 많습니다. 부서에서 경비가 올라오는 것을 보면 통행료에 간식 사 먹은 것까지 다 올라옵니다. 자원하는 희생이 있으면 하나님은 그거 다 아십니다. 풍성하게 갚아 주십니다. 내 주머니에서 돈 나가는 것에 너무 벌벌 떨지 마십시오. 내가 헌신하면 교인들은 다 압니다. 교인들은 자기 돈 써가면서 봉사하는데 사역자들이 내 돈, 네 돈 따지면서 챙기는 모습을 보면 아름답지 못한 것 아닙니까?

교인보다 못하면 믿음에서 밀린 것입니다. 직접 돈을 만지면서 꽁꽁 모아 둘 생각하지 말고 하나님을 위해 쓰십시오. 헌금 하는 데 앞장서십시오. 처음부터 더러운 일을 좇는 사람은 없습니다. 세월이 흐르다 보면 자기도 모르게 속물이 되는 것입니다. 그러다 보면 그 더러운 일로 넘어지기 십상입니다.

우리는 종의 리더십을 갖추어야 합니다. 사역자는 무슨 완장 찬 사람이 아닙니다. 무슨 감투나 권력이 아니라는 말입니다. 간혹 나보다 나이가 많은 교인이 있습니다. 그런데 내가 사역자라는 이유로 반말 투로 이야기하고 예의 없이 행동합니다. 그러나 우리는 섬기는 사람들입니다. 이런 문화가 우리 교회에 있다면 바로 바꿔 나가야 합니다. 사역자가 서로 섬기는 모습을 보며 교인들이 '역시 목사는 다르구나' 해야 합니다. 세상에서 읽을 수 없는 문화를 교회에서 느낄 수 있어야 합니다. 아름다운 하나님 나라 공동체의 모습을 보여 주어야 합니다. 롤모델이 되라는 것입니다.

본을 보이지도 않으며, 이중적 삶을 살고, 그렇게 오랜 세월 갈등도 없이 살아와 놓고 하나님의 상급을 바랄 수 있겠습니까? 우리는 언젠가 삶 전체를 평가받는 순간이 옵니다. 하다못해 세상이 주는 노벨상이나 올림픽 금메달도 권위가 대단한데, 하나님이 주시는 상급이 여기에 비교할 수 있겠습니까? 이 상은 하나님의 인정과 박수입니다. 내 삶이 그분의 기쁨이 되었다는 칭찬입니다. 이것은 세상 어떤 상과도 비교할 수 없는 영광입니다.

성경은 이 상급을 약속합니다. 이 상을 얻을 때까지 달리라고 합니다. 세상의 박수에 도취되면 안 됩니다. 이 땅에서의 수고는 묻힐 수 있습니다. 아무도 몰라줄 수 있습니다. 그러나 그럴 때 하늘의 상이 큽니다. 여기서는 못 박히고 고난 받고 이슬처럼 사라져도 괜찮습니다. 하늘의 상급과 영광, 하늘의 기업을 기대하는 것이 사역자의 올바른 태도입니다. 그날을 바라보면서 우리에게 주어지는 모든 것들, 고난이든 순교든 받아들이는 태도가 필요합니다.

말세라는 말을 많이 합니다. 정말 힘든 세상에서 살아가고 있습니다. 그러나 다들 어렵다, 힘들다 하는 이때야말로 하나님이 당신의 사람들을 기다리고 있다고 믿습니다. 우리가 준비만 되면 하나님이 우리를 멋지게 사용하실 계획을 세우고 계십니다. 사역자로서 내가 세워지길 원한다는 열정을 가지십시오. 나를 세우는 것은 환경도 시대적 흐름도 아닙니다. 문제는 나입니다. 동역자가 없습니까? 하나님이 붙여 주십니다. 돈이 없습니까? 하나님이 쌓아 놓고 대기하고 계십니다. 경계선을 넘으십시오. 세상 사람들 하는 이상한 신화에 설득당하지 말고, 하늘의 음성을 들으십시오.

Part 2.

핵심은 영혼의 변화다

나만의 목회론이 있는가

chapter 4.

영적 권위의
회복이 먼저입니다

언제부턴가 목회자가 권위를 잃어버렸습니다. 목회가 힘들어졌다는 것은 다른 말로 권위가 작동이 안 된다는 것입니다. 이것은 비단 목회에만 적용되는 것이 아니라 시대적 상황이라고 볼 수 있습니다. 권위의 해체 시대가 온 것입니다. 이제 사람들은 권위를 인정하기보다는 권위에 도전합니다. 누구도 맹종하지 않습니다. 단순하게 따라오는 사람은 없습니다.

그러나 시대가 어떠하든 목회자에게 권위가 없으면 목회를 할 수가 없습니다. 이것이 큰 딜레마입니다. 교인들을 보십시오. 그들을 무슨 수로 변화시키겠습니까? 무슨 수로 옳은 방향으로 이끌겠습니까?

목사는 공동체의 운전대를 잡고 있는 사람입니다. 이 공동체를 바른 방향으로 끌고 가야 할 책임이 있습니다. 그런데 권위가 없으면 교인들에게 끌려갑니다. 주도권이 뒤바뀌는 것입니다. 그러면 교회는 산으로 갑니다. 목사에게는 반드시 영적 권위가 있어야 합니다.

그러나 착각하지 말아야 할 것은 세상이 말하는 권위와 목사가 가져야 할 진짜 권위는 다르다는 것입니다. 권력 중심의 카리스마가 아니라 건강한 카리스마여야 합니다. 그래야 교인들이 그 리더십을 즐겁게 따를 수 있습니다.

이러한 권위는 하늘로부터 옵니다. 이제는 더 이상 "교인들이 담임목사를 무시합니다", "당회가 너무 셉니다" 하는 말은 하지 마십시오. 하나님은 아무에게나 권위를 주시지 않습니다. 특히 교인들을 비난하고 불평하는 목사에게는 더욱 그렇습니다. 권위를 얻기 위해 목사로서 해야 할 일들이 있습니다. 몇 가지 맥을 짚어 보겠습니다.

설교에서 영적 권위를 얻어야 합니다

만인제사장주의 시대입니다. 그런데도 여전히 직분을 가지고 권위를 운운할 수 있습니까? 권위는 직분에서 오는 것이 아닙니다. 목사라는 직분에 있어 말씀을 가르치는 역할을 맡았기에 귀중한 위치에 있는 것은 사실입니다.

그렇다면 목사의 영적 권위는 어디에서 옵니까? 바로 성경 말씀입니다. 말씀 자체에 권위가 있기 때문입니다. 말씀의 권위를 드러내고 선포할 때 목사에게 권위가 주어집니다. 목사가 존중을 받습니다. 이것이 핵심입니다.

그렇기 때문에 목사에게 말씀이 없다면 권위도 없습니다. 우리는 목회를 하며 말씀을 붙잡아야 합니다. 강단에 올라가 마이크만 잡는다고 권위가 주어지는 것이 아닙니다. 강단에 선다는 것은 목사로서 굉장한 기회입니다. 그러나 말씀의 권위를 훼손시키는 기회가 될 수도 있습니다. 그럴 때 목사의 역할은 축소될 수밖에 없습니다. 교인들도 그런 목사는 존중하지 않습니다. 목사라면 말씀의 증거자로 강단에 서야 합니다. 교인들이 하나님의 말씀을 듣게 해야 합니다.

최근에는 많은 사람들이 인터넷에서 여러 좋은 설교를 듣습니다. 그러다 보니 설교 듣는 귀가 높아져 있습니다. 그러니 웬만한 설교로는 안 됩니다. 일정 수준에 도달하지 못하면 교인들은 떠나게 되어 있습니다.

설교를 잘한다는 것은 결국 말씀을 통해 변화가 일어난다는 뜻입니다. 우선 당회원들이 은혜를 받아야 합니다. 그래야 교회의 리더십이 바로 섭니다. 지금 이 부분이 잘 되지 않는 교회가 정말 많습니다. 하지만 이것이 목회를 풀어 가는 핵심 중 하나입니다. 또한 회중의 변화가 일어나야 합니다. 회중의 변화의 파장이 결국은 목회자의 영적 권위가 어느 정도인지를 보여 주는 경계가 됩니다. 그만큼 권위를 얻게 되는 것입니다. 변화된 영혼들은 말씀의 권위를 인정하고 목회자를 존중합니다.

우리는 자신의 설교를 돌아봐야 합니다. 다른 것은 다 용서돼도 목사가 설교 못하는 것은 용서가 안 된다고 합니다. 요즘 젊은 목회자들은 처음 부임받아 간 교회에서 3년 이상 자리를 지키기가 쉽지 않다고 합니다. 지겨운 설교라도 교인들이 3년은 어떻게 견디는데, 그 이상은 못 버티기 때문입니다. 그래서 3년이 위기라고 합니다.

내 설교는 내가 잘 모릅니다. 들리는 설교를 하고 있는지 모니터링을 하고 조언자를 구하십시오. 다시 말하지만 영적 권위를 얻는 가장 중요한 맥은 설교입니다.

좋은 성품이 영향력입니다

설교를 아무리 잘해도 목회가 안 되는 경우가 있습니다. 성품이 안 좋아 문제가 되는 것입니다. 성품은 곧 영향력입니다. 성품이 좋으면 사람의 마음을 얻지만, 그렇지 않으면 가까운 사람과 문제를 일으킵니다. 그래서 목회는 성품으로 하는 것이라고 말할 수 있습니다.

좋은 성품을 가진 사람은 한 교회에서 꾸준하게 사역을 합니다. 이런 사람은 목사로서 좋은 자산을 가지고 시작하는 것이라고 볼 수 있습니다. 특히 요즘 교인들은 부드러운 성품의 목사를 원합니다. 왜냐하면 교인들이 세서 그렇습니다. 과거에는 목사가 더 셌습니다. 그때는 그런 권위가 필요했습니다. 그러나 지금은 다릅니다. 시대가 각박하고, 사람들은 마음이 메말라 갑니다. 이런 때에는 부드러운 리더십이 필요합니다. 따뜻하게 품을 수 있어야 합니다.

날을 세우면 상처를 줍니다. 비판적이거나 부정적인 성향, 시니컬한 목사의 성품이 교회로 들어가면 분위기가 굉장히 살벌해집니다. 교인들이 그런 목사의 성품에 물드는 것입니다. 결국 나중에는 교인들의 날카로운 비판 때문에 목사가 쫓겨나게 됩니다.

목사에게 있어 성품의 문제는 열등감, 자존감 등과 연결이 됩니다. 마음에 상처가 있는데, 이것이 다루어지지 않은 채로 있다 보니 예민해지는 것입니다. 그러니 교인들에게 공격을 받고 상처를 받습니다. 그런 기억들이 쌓이면서 부정적으로 변하고 투쟁적 성향을 가지면서 변질된 설교를 하는 것입니다. 상처가 깊을수록 나를 드러내려 하고 사람들에게 자신의 존재를 심으려고 합니다. 자기를 변호하는 설교를 합니다. 그러면서도 자기는 무엇이 문제인지 모릅니다.

그래서 우리는 복음 안에서 계속 담금질하는 시간이 필요합니다. 십자가 안에서 내 마음의 열등감을 치료하고 낮은 자존감을 회복해야 합니다. 하나님의 은혜의 보좌 앞에 계속해서 나가야 합니다. 끊임없는 내적치유가 일어나야 합니다.

이민목회를 20년 하면서 느낀 것은, 교인들이 참 상처가 많다는 것이었습니다. 이민자들은 외롭습니다. 쌓인 것을 풀 데가 교회밖에 없습니다. 그들에게 교회는 상처를 풀어놓는 자리입니다. 특히 그들이 상처를 푸는 제1호가 목사입니다. 그래서 목사에게 자꾸 상처를 줍니다. 그러니 목사는 날을 세웁니다. 그러면 다 죽게 되어 있습니다.

어떤 목회든 마찬가지입니다. 요즘은 교인들이 예전처럼 목사를 섬기지 않습니다. '어디 한번 해봐라' 하는 식으로 대합니다. '목사가 이 정도는 해줘야지' 하는 것입니다. 그럴 때 자기 안에 있는 약한 성품이 드러나기 시작하면 사건이 됩니다. 끊임없이 치유해야 합니다. 예배 안에, 복음 안에, 그리스도의 십자가 사랑 안에 계속해서 나를 담가야 합니다. 늘 여전한 모습으로 교인들을 대하고 목회를 해나가는 힘이 복음의 능력입니다.

또한 목사에게는 진실한 성품이 있어야 합니다. 이것은 권위를 얻는 데 매우 중요한 요소입니다. 진실이 깨지면 아무것도 할 수 없습니다. 그래서 우리는 말을 조심해야 합니다. 너무 섣부른 공약 하지 마십시오. "나는 이 교회에 뼈를 묻겠다" 같은 말은 하지 마십시오. 이 말을 지킬 수 없을 때가 올지도 모릅니다. 교인들은 기억력이 좋습니다. 만약에 교인들 사이에서 "나는 이제 목사 말 못 믿겠다" 하는 이야기가 나오면 굉장히 위험해집니다.

목사는 강단 위나 아래에서나 동일한 모습으로 살아야 합니다. 내가 설교한 대로 살아가려고 애쓰는 모습을 보여 줘야 합니다. 물론 완전한 사람은 없습니다. 애쓰는 것이 중요합니다. 교인들은 목사의 이중성에 질렸습니다. 친절한 것과 친절한 척하는 것은 다릅니다. 사랑하는 것과 사랑하는 척하는 것은 다릅니다. 오늘날 우리는 여기에서 오는 신뢰를 너무 많이 잃었습니다. 목사가 믿음직스럽지 않은 시대가 되어 버렸습니다. 목사가 말만 잘하는 사람이 되었습니다. 기도한다고 해놓고 뒤돌아서면 기도 안하는 목사를 누가 믿을 수 있겠습니까?

교인들로부터 "우리 목사님은 믿을 수 있어"라는 말이 나오면 거기에서 권위가 나옵니다. 말을 했으면 책임을 지십시오. 교인들은 진실한 목사를 찾고 있습니다.

재정은 최대한 투명하게 쓰십시오

목사들이 많이 일으키는 사고가 이성문제, 돈 문제라고 하는데, 알고 보면 이성문제는 드물고 대부분 돈 문제입니다. 많은 목사가 재정 문제로 권위를 잃습니다.

목사라면 기본적으로 교회 재정을 귀하게 여기는 태도를 가져야 합니다. 교회 재정은 교인들의 헌금으로 모인 돈입니다. 하나님께 드려진 돈입니다. 이것은 교인들의 눈물과 땀의 결정체입니다. 용광로 같은 세상에서 피땀 흘려 번 돈을 생사의 기로에서 내놓는 것입니다.

그렇기 때문에 목사는 이 돈을 어떻게 사용할 것인가에 대해 사려 깊은 태도를 가져야 합니다. 내 돈이라는 착각에 빠지면 안 됩니다. 목회를 위한 돈이기는 하지만, 목회자 자신과 관련된 것들에서는 매우 신중하게 결정해야 합니다.

목사는 돈을 직접 안 벌어 봐서 잘 모릅니다. 그런데 교인들은 힘들고 어렵게 번 돈인 만큼 목사가 재정을 사용하는 것에 더 예민해집니다. 만약 목사가 재정을 사용하는 태도가 투명하지 않으면 교인들은 시험에 듭니다. 그래서 돈에 관해서는 목사가 직접 관리하지 않는 것이 좋습니다. 투명하게 관리할 수 있는 대리자를 두는 것이 현명합니다. 만약 그렇게 할 수 없는 상황이더라도 최대한 재정 관련 시스템을 투명하게 해야 합니다. 그런데 의외로 목사들이 이 부분에서 약합니다. 자기 돈과 교회 돈이 섞여서 애매하게 처리되는 경우가 많습니다. 그러다 보니 회계 담당 집사가 시험에 들어 나가는 일도 생깁니다.

돈 문제는 위험한 선악과 같은 것입니다. 잘못 먹으면 큰일 납니다. 재정 처리에서 목사가 신뢰를 얻지 못하면 목회를 그만 둬야 합니다. 그런데도 교회 안에서 돈 관련 사고가 빈번하게 일어납니다. 돈에 대한 구설수는 나중에 증명하는 것도 어렵고 돌이키기도 쉽지 않습니다.

어떤 교회는 목사에게 도서비를 책정하고 정말 그 돈으로 책을 샀는지 서재에 와서 확인한다고 합니다. 세상이 그렇습니다. 어떻게 해서든 목사 흠을 잡아 끌어내릴 고민을 합니다. 그럴수록 우리는 더욱 투명해져야 합니다. 진실해져야 합니다. 더욱 정확하고 깨끗하고 정직해져야 합니다. 문제될 일은 안 만들면 됩니다. 그러면 목사의 권위는 저절로 세워집니다.

헌금생활이 권위와 연결됩니다

목사는 헌금생활에 모범을 보여야 합니다. 이것이 권위와 연결이 됩니다. 탐욕과 물질의 유혹을 이기는 길은 끊임없이 내 소유를 해체하는 작업, 즉 하나님께 정직하게 드리는 헌금 밖에 없습니다. 목사가 그것을 경험해야 합니다. 세속화의 거대한 맘모니즘을 이겨 내는 씨름에서 목사 자신이 승리해야 합니다. 여기에서 승리하지 못하면 목회가 계속 말리게 되어 있습니다.

단에 서서 교인들에게 헌금생활 제대로 하라고 아무리 외쳐 봐야 소용없습니다. 목사 자신이 헌금생활을 제대로 하는 것 이상 중요한 가르침은 없습니다. 헌금은 희생재물을 드리는 것처럼 해야 합니다. 희생이 뭡니까? 무리가 되더라도 기꺼이 하는 것입니다. 부담스럽지만 감사하는 마음으로 해야 합니다. 목사가 부담 없는 정도의 헌금을 내면 교인들도 부담 없는 수준의 헌금을 할 것입니다.

담임목사의 헌금은 감춰지지 않습니다. 모두가 알고 있습니다. 그래서 목사는 헌금할 때 정직해야 하며 인색함으로 해서는 안 됩니다. 고린도후서 9장 7절 말씀처럼 즐겁게 해야 합니다. 최선을 다해, 둘째가라면 서러울 정도로 헌금해야 합니다.

우리가 할 것 다하고 헌금생활하기 어렵습니다. 교인들도 쓸 것 아끼면서 정성으로 헌금합니다. 그런데 목사가 할 것 다 하면서 헌금할 수 있겠습니까? 그러니 목사는 검소한 생활이 몸에 배어 있어야 합니다. 돈을 모을 기회도 없습니다. 이런 목회자의 헌금생활은 개인의 영성, 물질관에 굉장한 영향을 미칩니다. 세속화되어 가는 지금, 물질의 유혹에서 나를 이기게 하는 힘이면서 내 영성을 관리하는 중요한 요소인 것입니다.

더불어 공동체에도 영향을 미칩니다. 아낌없이 내어놓는 목사를 보며 교인들은 '목사님은 어떻게 생활하실까?' 하는 걱정으로 중보하고 배려할 수 있습니다. 이것이 교회 내에 흐르는 문화가 될 수 있습니다. 그리고 이것은 곧 목사의 권위가 됩니다. 내가 물질에 의존하지 않을수록 영혼은 자유로워집니다. 물질 문제에서 자유로운 영혼이 되면 권위는 더욱 강력해집니다. 저는 호주에 있을 때 하나님이 나를 먹이신다는 것을 강력하게 체험했습니다. 그래서 사람과는 타협하지 않을 수 있었습니다. 내 영혼이 자유로워지자 두려움이 없어졌습니다.

나를 먹여 살리는 분은 교회가 아니라 하나님입니다. 하나님이 내 인생을 책임지십니다. 우리는 살면서 내 것 내가 챙기면서 살 것인가, 하나님이 챙겨 주시는 삶을 살 것인가 선택해야 합니다. 하나님은 우리를 굶기실 분이 아닙니다. 내게 필요한 것이 무엇인지 나보다 더 잘 아시는 분입니다. 하나님은 기가 막힌 방법으로 채우십니다. 이것을 100퍼센트 믿으십니까?

희생할수록 권위가 생깁니다

목회자의 권위는 희생의 무게와 비례합니다. 목회자라면 교회를 위해 희생하겠다는 생각을 가져야 한다는 말입니다. 그런데 요즘은 목사들이 교회에서 누리는 것이 참 많습니다. 희생은 누구나 하는 만큼만 합니다. 그러나 받는 게 많고 주는 게 적으면 균형이 깨집니다.

교회에서 대우 잘해 주면 좋겠지요. 그러나 그것은 빚입니다. 그만큼 더 죽어라 희생하지 않으면 교인들은 괴로운 세상에서 죽어 가는 것입니다. 대우 조금 덜 받고 희생을 많이 하면 내가 떳떳합니다. 그런데 많이 받으면 위험해집니다. 자신 있게 헌신, 희생을 말하지 못합니다. 대가 지불을 많이 할 때 권위가 생깁니다.

목사가 이기적이면 안 됩니다. 내 것 챙기고 계산하는 목사에 교인들은 질립니다. 자기 것을 푸십시오. 교회가 어려울 때 도망갈 생각보다 내 것을 다 내어놓을 각오를 해야 합니다. 그것이 목회입니다.

개척을 하면 목사의 마음이 달라집니다. 책임의식이 생깁니다. 교회와 내가 똑같은 운명체인 것입니다. 그래서 교회를 살리기 위해 청춘, 물질, 시간 다 쏟아붓습니다. 눈물과 땀과 피를 흘리는 희생을 합니다. 엄청난 에너지를 쏟습니다. 그런데 이미 세워진 교회에 부임하면 내 희생보다는 누리는 것이 더 많습니다.

교회가 세대교체에 실패하는 가장 큰 이유는 바통터치 받은 목사가 전임자가 쌓아놓은 포인트를 쓰기만 해서 그렇습니다. 내 포인트는 내가 쌓아야 합니다. 다시 시작해야 합니다. 부임해서 갔더라도 그 교회를 나와 같은 운명공동체로 여기고 개척자 정신으로 임해야 합니다. 내 청춘과 삶을 몰아넣고 주님의 교회를 세우고자 하는 희생적 태도를 가져야 합니다. 자기 앞가림만 하는 것은 안 됩니다.

목사가 희생하지 않으면서 교인들이 희생하는 것은 꿈도

꾸지 마십시오. 목사가 헌신하는 만큼 교인들이 헌신합니다. 교인들은 목사가 얼마나 희생하고 있는지 압니다. 만약에 교인들이 희생하는 모습이 보이지 않으면 그게 내 모습이라고 보면 됩니다. 교인들은 목회자의 거울입니다. 교인들을 보면 나를 볼 수 있습니다.

헌신된 교회를 만들려면 목사가 교인들의 몇 배의 헌신을 보여 줘야 합니다. 목사로서 엄청난 자기 포기가 필요합니다. 내가 누릴 수 있는 것, 챙길 수 있는 것 다 내려놓아야 합니다. 교회의 분위기는 목사가 결정합니다. 권위는 그냥 주어지지 않습니다.

기도가 영권입니다

교회는 눈에 보이지 않는 영적 질서가 있습니다. 말이나 표현은 안 하지만 암암리에 느끼고 있는 서열이 있습니다. 이 서열이 중요합니다. 이것이 영적 권위를 누가 갖고 있느냐를 말해 주기 때문입니다. 가장 이상적인 것은 이 영적 리더십을 목사가 갖는 것입니다.

그런데 안타깝게도 그렇지 않은 경우가 많습니다. 교회에는 기도 많이 하는 기도꾼들이 어디에나 있습니다. 목사보다도 기도를 더 많이 합니다. 그러면 영적 서열이 바뀝니다. 여기저기 놀러 다니는 젊은 담임목사보다 기도 많이 하는 교인의 영적 통찰력, 상황을 보는 지혜, 혜안이 더 깊습니다. 사람들은 그걸 금방 압니다. 영적으로 가장 강한 말에 사람들은 귀를 기울입니다. 그러니 목사 말은 안 들어도 기도 많이 하는 권사님 말을 더 잘 듣는 것입니다.

질서는 하나님과의 깊은 관계 속에서 만들어집니다. 그래서 목사는 몸에 밴 경건생활이 필요합니다. 그것이 교인들에게 안정감을 주기도 하고, 또 목사 자신뿐 아니라 목회 전반을 지켜줍니다. 기도가 영권입니다. 기도생활을 하면서 익힌 영적 이해력, 통찰력, 하나님의 말씀에 대한 깨달음이 설교나 대화 속에서, 공동체 기도 안에서 터져 나오는 것입니다. 그러므로 골방은 숨겨진 곳이지만 만천하에 드러난 광장일 수도 있습니다.

부교역자 때는 기도의 질이 더 중요할 수 있습니다. 그러나 담임목사가 되면 기도의 양이 필요합니다. 양이 없으면 질도 안 높아집니다. 충분히 기도해야 합니다. 이것만으로도 굉장한 권위가 주어진다고 생각합니다. 목사가 기도의 자리에 앉아서 비가 오나 눈이 오나 늘 그 자리를 지켜야 합니다. 목사는 항상 예상 가능한 자리에 있어야 합니다. 그것이 투명한 삶입니다.

특히 요즘같이 목사의 권위가 떨어진 시대에서 젊은 목사들은 목회가 쉽지 않습니다. 나이로도, 사회 경험으로도 교인들 앞에서 권위가 서지 않습니다. 그러나 기도와 말씀으로 다져진 수도사적인 영권이 있으면 말이 달라집니다. 목사가 나이가 적어서 무시당하는 것이 아닙니다. 영적 권위가 없어서 무시당하는 것입니다.

누구도 함부로 대할 수 없는 영적 권위를 회복해야 합니다. 말과 행동에서 함부로 할 수 없는 힘이 있어야 합니다. 이것은 '권위 있는 척'으로는 안 됩니다. 하루아침에 만들어지지 않습니다. 골방으로 들어가야 합니다. 계속해서 하나님과 소통해야 합니다. 수도사적 영성을 갖추어야 합니다.

어떤 다툼도 잠재울 전문가적 식견이 필요합니다

요즘은 이론이 많습니다. 인터넷에만 접속해도 누구나 신학 논문들을 다 찾아볼 수 있고, 평신도들도 꽤 수준 높은 신학 서적들을 소화하며 읽습니다. 그래서 이제는 옛날처럼 덮어놓고 "믿으십시오!" 하는 말로는 교인들을 이해시킬 수 없습니다. 목사라면 목회에 있어서 만큼은 전문가적인 견해와 자기의 논리를 정확하게 정리하고 있어야 합니다. 누가 어떤 문제를 들고 오든 성경적인 결론을 내주어야 합니다.

그러려면 항상 기도하면서 고민하고 연구해야 하며 교회 현안에도 밝아야 합니다. 문제는 어디에서나, 누구에게나 일어납니다. 당회에서도 싸움이 벌어질 수 있습니다. 장로님들이 문제를 들고 올 수도 있습니다. 그러면 교리, 조직신학, 성경적 해석, 오늘날의 트렌드, 문화적 접근, 세계관 등을 포괄적으로 생각하여 문제를 풀어나갈 수 있는 깊이가 있어야 합니다. 누가 무슨 얘기를 하더라도 논리적으로 설득하며 충분히 이해시킬 수 있는 전문가적인 식견을 확보해야 합니다.

교인들로부터 "우리 목사님은 무슨 일만 생기면 억지를 부리네" 하는 말이 아니라 "목사님이 구석구석 모르는 게 없네" 하는 말을 들어야 합니다. 그럴 때 목사의 권위가 세워집니다. 이것은 계속해서 노력해야 하는 부분입니다.

포용력을 키우십시오

어떤 목사들은 자꾸 주변 사람들과 부딪힙니다. 왜 그럴까요? 용량이 좁아서 그렇습니다. 품지를 못하는 것입니다. 그러나 목사의 권위는 포용력에서 나옵니다. 너무 날카롭고 예민할 필요 없습니다. 그런 태도는 목회에 있어서 손해입니다. 이단 빼고는 누구나 품을 수 있는 용량을 가져야 합니다.

교회는 내 교파 사람들만 오지 않습니다. 요즘은 초교파입니다. 성격도 취향도 다양합니다. 성격 좋은 사람이 있는가 하면 나쁜 사람도 있습니다. 웬만하면 품어야 합니다. 그것이 성숙도라는 것입니다. 문제 있다고 사람을 쫓아내면 그걸 어떻게 좋은 교회라 할 수 있겠습니까? 문제가 있어도 품고 사람 만드는 교회가 좋은 교회 아니겠습니까? 다양한 사람들을 외모로 평가하거나 재단하지 않고 품어 내는 거대한 용광로 같은 교회가 되어야 합니다.

미국에 있는 여러 교회들을 탐방해 보면 건강한 교회들의 특징이 있습니다. 다민족이 모였다는 것입니다. 품는 용량이 큰 것입니다. 목사가 편협한 시각을 갖고 있지 않습니다. 그러니 교인들도 편협하지 않습니다. 이것이 교회가 커지는 비결입니다. 모든 세대, 인종, 성향, 교파 등을 받아들이는 큰 가슴이 되는 것입니다.

그런데 우리나라는 좁은 땅덩어리 안에서 교회조차도 지방색을 가지고 있는 곳이 많습니다. 교역자를 뽑는데 출신 지역을 따집니다. 조금 다른 생각을 가졌다고 배척하고 튕겨 냅니다. 그러나 복음은 그렇지 않습니다.

편견, 고정관념을 깨고 품어 내십시오. 교인의 모습이 어떻든, 성격이 어떻든 받아들일 준비를 하십시오. 자꾸 부딪힌다면 목사로서 내 가슴이 좁고 관점이 편향적으로 기울고 있는 것입니다. 특별히 당회원들의 사고를 넓히는 것이 굉장히 중요합니다. 품지 못하면 교인들이 떠납니다. 교회 건물 늘릴 생각하기 전에 가슴을 넓히십시오. 마음에 안 들고 힘들어도 인내하고 기다리십시오. 이것이 복음의 능력입니다. 목사가 포용력을 가질 때 그것이 권위가 됩니다.

위기를 이기는 지혜를 배우십시오

사람들은 위기의 때에 리더를 봅니다. 그가 불안하면 백성도 불안합니다. 그러나 리더가 안정적으로 흔들리지 않고 서 있으면 백성도 위기를 이길 힘을 얻습니다.

교회도 마찬가지입니다. 교회에는 늘 파도가 칩니다. 작은 파도든 큰 파도든 계속 출렁거립니다. 이럴 때 교인들은 담임목사를 보며 안정감을 얻습니다. 목사는 교인들이 출렁거리고 있으면 편안함을 줄 수 있어야 합니다. 같이 출렁거리면 안 됩니다.

목사가 쉽게 흔들리지 않으려면 어느 정도의 내공이 필요합니다. 아무리 파도가 거세게 쳐도 배가 크면 흔들리지 않습니다. 그러니 배가 크면 일기는 중요하지 않습니다. 그냥 정해진 날짜에 정해진 노선을 지키며 갑니다. 아주 대단한 태풍주의보가 아닌 이상 그냥 가는 것입니다. 그런데 배가 작으면 문제가 됩니다. 쉽게 뒤집힐 수 있습니다. 결국 문제는 배의 크기지 파도가 아닌 것입니다.

교회 전체가 출렁출렁 흔들리는데 담임목사가 여전한 모습으로 뱃머리에서 굳건하게 버티고 있어야 멋있는 것 아닙니까? 다른 사람들은 어떻게든 각자 자리에서 배를 지키려고 하는데 제일 먼저 이리 저리 휘청거리다가 숨어 버리면 체면이 안 서는 것입니다. 목사는 교인들이 기대고 싶은 큰 나무가 되어 주어야 합니다. 나이 많은 장로님들이 어느 때는 어린아이 같을 때가 있습니다. 그럴 때 목사는 의지하고 싶은 아버지가 되어야 합니다.

너무 울그락불그락 하지 마십시오. 멋없습니다. 변함없는 태도로 두 발을 말씀 위에 굳건히 버티고 서서 흔들리지 마십시오. 그럴 때 목사의 권위가 세워집니다.

목회자에게 위기는 언제나 옵니다. 목회는 그야말로 위기를 넘나드는 길입니다. 많이 알려진 큰 목사님들을 보십시오. 겉보기에는 화려해 보일지 몰라도 수없는 위기를 넘고 넘어 그 자리까지 간 것입니다. 핵심은 그들이 위기를 통과했다는 것입니다. 위기가 왔을 때 넘어지고 포기했다면 그런 영적 권위를 얻지 못했을 것입니다. 결국 리더십은 위기관리 능력입니다.

어떤 교회는 문제 있는 교인 한 명 잘못 건드렸다가 아주 무기력하게 넘어지곤 합니다. 그 교인 한 명이 폭풍의 눈입니다. 위기관리가 되지 않는 것입니다. 위기 앞에서 자신의 인격, 본질이 다 튀어나오는 것입니다. 목사가 위기에 넘어지는지 통과하는지를 교인들은 모두 보고 있습니다. 결국 위기관리를 제대로 하지 못하면 목회는 그 자리에서 끝이 날 수 있습니다.

위기의 순간에는 하나님과의 관계에 승부를 걸어야 합니다. 하나님 앞에 엎드려야 합니다. 나는 풀 수 없다고, 하나님께 풀어 달라고 매달려야 합니다. 위기의 순간에 말을 많이 하면 안 됩니다. 설명하려고 하거나 설득하려고 해서도 안 됩니다. 하나님과 씨름을 해야지 사람과 씨름하면 사람에게 말립니다.

그리고 위기의 순간에 이 위기를 빨리 모면하고자 하는 태도는 정말 위험합니다. 빨리 극복하는 것은 문제가 아닙니다. 이 위기를 통한 하나님의 레슨이 뭔지를 정확하게 깨달아야 합니다. 위기는 언제든 또 옵니다. 중요한 것은 이 위기를 통해 위기를 이겨 내는 지혜를 배우는 것입니다. 그럴 때 훌륭한 사역자로 태어날 수 있습니다. 그러면서 교회도 자랍니다.

그런 의미에서 위기는 굉장한 유익입니다. 위기의 순간에는 더 엎드리게 되고 겸손해지며 통과하고 나면 성숙의 기쁨이 있습니다. 위기 없이 어느 자리엔가 올랐다면 긴장해야 합니다. 그러면 교만에 빠지거나 위험한 사람이 되기 쉽습니다.

공감과 소통이 필요합니다

목회자들 중에는 의외로 소통이 안 되는 사람이 많습니다. 일방통행을 하는 것입니다. 그러면 사소한 오해가 생깁니다. 아무것도 아닌 문제가 눈덩이같이 커져서 큰 사고가 됩니다. 그러나 대화로는 못 풀 것이 없습니다.

사실 당회에 들어가면 당회원들이 고령화되어 있는 경우가 대부분입니다. 젊은 목회자 입장에서는 나이 많은 어른들과 대화한다는 것이 그리 쉬운 일은 아닙니다. 그런데 어떤 목회자는 나이가 많든 적든 편하게 이야기를 끌어가는 사람이 있습니다. 이야기를 해보면 너무 억압적이지 않은 가정환경에서 자란 경우가 많습니다. 아버지와도 대화하는 것이 어렵지 않았고, 더 큰 집안 어른들과도 스스럼없이 지냈던 것입니다.

그러나 권위적인 가정환경에서 아버지의 억압 속에 자란 사람들은 남모를 상처가 있습니다. 이런 경우 어른들과 대화하는 것이 어렵습니다. 편하지가 않습니다. 만약 나에게 그런 상처나 내면의 연약함이 있다면 이 부분을 해결해야 합니다. 사실 상대방 입장에서는 '이 젊은 목사가 왜 이렇게 대화를 꺼릴까. 이야기를 했으면 우리가 다 이해했을 텐데' 하고 생각할 수 있습니다.

당회원들과 대화를 잘하고 있습니까? 소통이 안 되면 위기가 옵니다. 적이 많아집니다. 그러면 금방 해결될 일이 큰 문제가 됩니다. 제 주위에도 당회원들과 대화를 못하는 목사들이 있습니다. 불통입니다. 그러면 장로들은 그 목사와 같이 일하고 싶어 하지 않습니다. 자기들끼리만 소통합니다. 그러면 교회가 위험해집니다. 규모가 작을수록 더욱 그렇습니다.

최고의 소통은 공감에서 출발합니다. 그리고 상대를 이해해야 합니다. 소통은 결국 쌍방에서 이루어지는 것입니다. 교인들과의 교감인 것입니다. 이를 위해 목사는 항상 교인 곁에 있어야 합니다. 그들의 목소리를 들어 주어야 합니다. 이것은 꼭 한 사람 한 사람을 만나 이야기를 나눠야 한다는 말은 아닙니다. 일종의 교감이 있으면 됩니다. 그런 의미에서 설교도 일종의 소통이라 할 수 있습니다.

그런데 어떤 목사는 진리도 아닌 자기만의 생각으로 고집을 부립니다. 그러나 우리는 철학과 고집을 구분해야 합니다. 하나님이 보여 주신 것이 있고 목회에 대한 철학이 있다면 그것은 교인들을 설득하고 이해시켜서 관철시켜야 합니다. 그러나 고집은 관철할 수 없습니다. 교인들은 목사의 고집을 이해하지 못합니다.

오늘날은 일방적인 것이 통하지 않는 시대입니다. 일방적으로 따라오는 대중은 없습니다. 무엇을 하든, 중요한 일일수록 소통하는 작업이 선행되어야 합니다. 교인들을 존중하고 그들의 목소리에 귀를 기울이십시오. 소통의 과정이 없어도 운 좋게 한두 해는 넘어갈 수 있습니다. 그러나 일방적인 목회는 결국 무너지게 되어 있습니다. 반대로 소통만 잘해도 목회에 굉장한 도움이 될 수 있습니다.

chapter 5.

십자가로 돌아가면
목회는 즐겁습니다

시드니에서 목회하던 시절, 저는 사람의 변화가 파장을 일으키는 것을 보았습니다. 강강한 성격의 모태신앙인이었던 교인 한 분이 로마서 설교를 듣고 한 주 만에 변화되는데, 그를 아는 교인들이 그의 변화를 보고 충격을 받았습니다.

이처럼 한 사람이 복음으로 뒤집어져 변화되면 여기서 퍼지는 파장은 보통 큰 것이 아닙니다. 마치 브라질에서 나비가 한 날갯짓 때문에 텍사스에서는 폭풍이 일어날 수 있다는 '나비효과' 같습니다. 이런 변화가 지금 내가 목회하는 교회 현장에서 일어나고 있습니까?

진짜 복음은 사람을 근본적으로 변화시킵니다. 이것은 한 영혼의 내적 변화입니다.

> 너희는 이 세대를 본받지 말고 오직 마음을 새롭게 함으로 변화를 받아 하나님의 선하시고 기뻐하시고 온전하신 뜻이 무엇인지 분별하도록 하라 롬 12:2

여기에서 말씀하는 변화는 근본적인 변화를 뜻합니다. 이것이 목회의 핵심입니다. 건물을 짓고 땅을 넓히는 것들은 그다음의 문제입니다. 교인들의 근본적인 변화가 일어나고 있는가가 가장 중요합니다.

복음의 능력을 믿습니까?

예수님은 이 땅에서 첫 이적으로 가나의 혼인잔치에서 물을 포도주로 바꾸셨습니다. 이것은 근본적인 변화입니다. 성분 자체를 바꾸신 것입니다. 이것은 일종의 상징이었습니다. 당시 종교의 무기력함, 낡은 종교 체제 등이 항아리 속 물이었습니다. 이것은 아무 맛도 안 납니다. 그런데 예수님이 이 물을 포도주로 바꾸는 근본적인 변화를 보여 주셨습니다. 이것이 예수님 사역의 핵심이었다고 볼 수 있습니다.

우리는 껍데기를 다루려고 할 때가 많습니다. 외형적인 것들, 겉으로 드러난 것들만 보는 것입니다. 그러나 우리의 싸움은 이것이 아닙니다. 교회 안에 사람들이 변화되고 있는가를 봐야 합니다. 열심히 사역하는데 변화가 없다면 헛 삽질과 같습니다.

이 변화는 복음으로 일어나는 것입니다. 십자가 복음이 교인들의 영혼을 두드릴 때 변화가 일어나는 것입니다.

> 내가 복음을 부끄러워하지 아니하노니 이 복음은 모든 믿는 자에게 구원을 주시는 하나님의 능력이 됨이라 롬 1:16

여기에서 말씀하는 '능력'은 '두나미스'로 이 변화의 파괴력은 강력한 것입니다. 몇 명이 변화되었는지는 중요하지 않습니다. 단 한 명의 변화라도 여기에서 생기는 영향력은 엄청납니다.

호주에서 목회할 때 사람들이 교회에 오면 뒤집어졌습니다. 교회 분위기 자체가 복음이 계속 흘러가고 있었습니다. 어느 공동체든 복음이 흘러들어가면 어김없이 변화를 보여 주었습니다.

그렇기 때문에 목사는 메시지 속에, 가르침 속에, 소그룹 속에, 모든 것 안에 복음을 정확히 외치고 있는지 점검해야 합니다. 그래서 복음이 심방, 설교, 소그룹 티칭 등에 어떻게 흘러가고 있는지를 점검해야 합니다. 복음의 위력을 실감해 보는 것입니다.

복음이 사람을 변화시킨다는 확신이 있습니까? 원색적인 복음은 사람을 변화시킵니다. 설교를 잘한다는 것은 내용적 문제보다는 '원색적인 복음이 잘 드러나는가?', '죄가 정확하게 다루어졌는가?', '인간 내면에 흐르는 숨어 있는 죄의 문제를 다루고 있는가?'가 중요합니다.

이것은 쉬운 일이 아닙니다. 특히 종교적인 죄는 위선적이고 깊이 숨어 있습니다. 직분을 가지고 있으면 더욱 그렇습니다. 그런 교인들을 데려다가 복음 앞에서 옷을 다 벗겨야 하는 싸움입니다.

복음을 밀고 나가야 합니다. 지금 내가 봉사하는 것이, 직분을 받고 일하는 것이 복음 앞에서 어떻게 비춰지고 있는지를 봐야 합니다. 나를 강화하고 극대화하고 꾸며 내고 있는 것은 아닌지, 정말 십자가 앞에 깨어져서 낮아지고 있는지 점검해야 합니다. 복음은 낮아지고 또 낮아져서 더 이상 낮아질 수 없을 곳까지 내려가는 것입니다. 목사든 장로든 그것을 계급으로 착각하고 군림하고 권력을 행사하면 안 됩니다. 이것은 복음에 위배되는 문화입니다.

직분을 세울 때도 이 사람이 변화를 경험하고 훈련되었는지를 확인해야 합니다. 그런 변화 없이 직분을 받고 일꾼으로 세워지면 그것은 마치 사고를 예고하는 것과 같습니다. 헌금 많이 하고 봉사 많이 해도 내면은 아나니아와 삽비라 같을 수 있습니다. 일 잘하는 것은 위장일 수 있습니다. 그 열심의 뿌리가 어디에 있는지 봐야 합니다. 복음은 기분 좋은 상거래가 아닙니다. 헌금한다고 직분을 줘서는 안 됩니다. 그런데 그렇게 제도화되어진 교회가 있습니다. 그 교회는 점점 위험 속으로 빠질 수 있습니다. 교회에 돈 많이 내고 사고치는 사람들이 많습니다.

아무리 이전 교회에서 중직자였다 하더라도 그것에 속으면 안 됩니다. 다시 평신도부터 시작해야 합니다. 이미 몸에 밴 신앙의 형태가 있을 수 있습니다. 예배 속에서, 말씀 속에서 변화되고 은혜 받고 깨어지면서 자신의 밑바닥을 보게 해야 합니다. 목사의 권위 아래에서 훈련받고 변화되다 보면 하나님의 때가 오게 되어 있습니다. 성급하게 일하지 말고, 성급하게 직분을 세우지 말고 이 사람이 내적으로 변화가 일어났는지 영혼을 들여다봐야 합니다.

목사도 마찬가지입니다. 내 삶에 복음을 선포할 만한 그릇이 받쳐 주고 있는가를 점검해야 합니다. 십자가 앞에서 자신을 얼마나 부인했는지 따져 봐야 합니다. 그게 안 되면 단에 서서 복음을 선포하기 어렵습니다. 우리는 겉으로는 십자가를 말하고 있으나 정작 십자가 앞으로 나가지 않곤 합니다. 십자가는 인간의 본성과 위배되는 것입니다. 이 십자가 복음을 다루는 일은 매우 진중한 것입니다. 목사가 먼저 심각한 위기에 처하게 될 수 있습니다. 속으로는 교인들의 머릿수를 세고 성공을 기대하고 세력 확장을 고민하면 아무리 복음을 외쳐 봐야 안 먹힌다는 것입니다. 십자가 앞에서 완전히 죽어야 합니다. 교만이 완전히 처리되어야 합니다.

사람을 변화시키는 것은 복음입니다

세상 어떠한 요인으로도 사람을 변화시키는 것은 어렵습니다. 인간은 쉽게 변하지 않는다는 결론을 가지고 목회를 하시던 분이 있었습니다. 그분의 목회 사역 중에는 변화되는 사람이 극히 드물었기에 오랜 목회 사역을 하며 많이 힘들어했습니다. 목회의 큰 축복은 사람이 변화되어 가는 과정을 보는 일입니다. 인간은 안 변한다는 견고한 생각을 가지고 있다면 목회 사역을 감당하기 힘듭니다. 복음의 능력을 확인하지도 못하는 현장에서 어떻게 사역을 감당할 수 있겠습니까?

복음은 교회를 핍박하고 그리스도를 따르는 사람을 죽이기까지 했던 사도 바울을 완전히 뒤집어 놓았습니다. 교회 가는 아내의 성경을 찢으며 핍박하던 남편을 변화시켰습니다. 한번은 신앙생활한 지 1년밖에 안 된 교인의 간증을 들었는데 놀랍게도 오래 신앙생활한 사람처럼 복음이 제대로 들어가 있었습니다. 말씀이 정리되고 있었습니다. 초신자가 와서 이렇게 변화하면 기존 교인들에게 큰 파장을 일으키게 됩니다. 20년 이상 신앙생활을 하던 사람들이 초신자의 변화를 보며 충격을 받습니다. 그리고 목사는 교인들의 그런 변화를 보면 사역의 기쁨을 느낍니다.

저 역시도 지금까지의 목회에서 부흥의 여러 요인 중에 딱 하나를 꼬집는다면 변화입니다. 근본적인 영혼의 변화가 일어나는 것입니다. 그랬더니 완전히 무너졌던 가정이 회복되었습니다. 우울증이 사라지고, 이민 생활로 힘들어 자살하려던 마음을 돌이켜 삶의 이유를 찾게 되었습니다. 엉클어진 마음으로 어둡고 표독했던 표정이 서서히 밝아지고 부드러워졌습니다. 기쁨에 넘쳐 화장실 청소며 무릎을 구부려 바닥을 청소하는 일도 마다하지 않았습니다. 이것은 직분 때문에 일하는 것과는 차원이 다릅니다. 복음으로 변화된 사람들은 일을 찾아갑니다.

교회가 성장한다는 것은 사람들의 영혼에 변화가 일어난다는 것입니다. 교회가 일어날 때는 말씀을 듣는 회중 가운데, 예배 가운데 변화가 일어나곤 합니다. 영적 긴장감이 예배에서 나타납니다.

그러나 시스템을 만들고 사람을 세우는 조직화는 교회의 몸집은 키우지만 그럴수록 내면은 부실해집니다. 당을 짓고 뒤로는 가십을 만들고 파워게임을 벌입니다. 즉 교회가 어렵다는 것은 복음과 성령 안에서 변화가 일어나지 않는 것이라 할 수 있습니다. 교인들의 변화 없이 교회가 오래 지속된다는 것은 사고가 일어나기 직전인 것입니다. 이 경우 교회는 율법적인 구조가 됩니다. 심판, 판단, 정죄를 하며 외형적인 것에 중점을 둔 세련된 종교집단이 됩니다. 온갖 의무의 진원지가 되며 썩어질 것에 중점을 두게 됩니다. 그곳에서 목사의 메시지는 정확하게 죄를 찌르거나 도려내지 못하고 영혼의 겉만 살짝 만져주는 위로 역할만 합니다.

교회의 중심에 복음이 있어야 합니다

우리는 복음을 무시할 때가 많습니다. 전도 집회를 하다 보면 그런 것을 많이 느낍니다. 저도 '멋진' 설교를 하려고 하는 날은 오히려 반응이 냉랭합니다. 그런데 그냥 본질적인 복음 안으로 들어가서 인간의 죄와 십자가를 이야기하면 반응이 달라집니다.

> 십자가의 도가 멸망하는 자들에게는 미련한 것이요 구원을 받는 우리에게는 하나님의 능력이라 고전 1:18

십자가의 복음이 모든 곳에서 불붙게 해야 합니다. 설교나 심방이나 기도회나 수련회나 모든 프로그램 안에 복음이 흐르게 해야 합니다. 교회의 정중앙에 복음이 있는 것이 중요합니다. 복음이 희미한 사람에게는 간증도 시키지 마십시오. 복음의 터치를 통하여 정확하게 예수 그리스도를 만나 분명하게 변화한 사람에게 간증을 요청하십시오. 프로그램이 중요한 것이 아니라 복음을 전달하기 위한 프로그램이 되어야 합니다.

우리는 복음이 조금 불완전하고 부족하게 보여 내 이야기를 많이 섞곤 합니다. 그러나 복음은 그 자체로 완벽합니다. 십자가의 도는 하나님의 능력이라는 깊은 확신이 있어야 합니다. 교회에 복음을 제외시키면 그저 친구 모임, 사회활동이 됩니다. 그렇기에 우리는 항상 '내 사역에서 복음이 그 중심에 와 있는가?' 철저하게 질문해야 합니다. 진짜 복음은 초신자, 기존 교인, 중직자 모두에게 필요한 것입니다.

복음은 악세사리가 아닙니다. 십자가로 돌아가야 합니다. 복음을 소홀히 여기면 목회는 세상적 방법으로 대체되기 쉽습니다. 인위적인 성장 방법론, 인본적인 시스템을 이야기하게 됩니다. 헌신자들이 십자가를 붙들고 있으면 시험에 들거나 희생자 모드로 빠져들지 않습니다.

인디언을 위해 모든 것을 헌신한 데이빗 브레이너드(David Brainerd) 선교사는 "그리스도의 십자가 앞에서의 어떠한 희생도 희생이라고 말할 수 없다"라고 말했습니다. 양화진 선교사비에는 "내 목숨이 천 개라도 조선 땅의 복음을 위해 바치겠다"는 글이 새겨져 있는데, 그것이 십자가입니다. 선교사들은 아프리카 오지에서도 복음을 전할 수 있다는 것만으로 감격하며 자신의 온 삶을 바쳐 헌신하는데, 이것도 역시 십자가입니다.

십자가를 잃어버리면 보상과 격려를 바랍니다

십자가로 돌아가면 목회는 안전합니다. 물론 위기나 고난도 있지만 그것은 나의 성장을 위해 하나님이 허락하시는 것이기 때문에 통과해야 합니다. 누구나 헌신할 수 있습니다. 하지만 중심에 십자가가 있으면 자기 존재를 드러내지 않으며 진정한 헌신을 할 수 있습니다. 그리스도의 도를 따른다는 것은 "내가 그리스도와 함께 십자가에 못 박혔나니 그런즉 이제는 내가 사는 것이 아니요"(갈 2:20)라는 말씀과 같은 것이기 때문입니다.

십자가를 잃어버리게 되면 봉사를 하고도 누군가 알아주길 원하며 보상을 바랍니다. 이런 헌신에 격려를 하는 것도 한계가 있습니다. 격려와 박수로 충분히 만족시킬 수 없습니다. 인간의 기분을 맞춰 주는 목회를 하게 되면 끝도 없습니다. 목사들도 목회를 하고 나서 자신의 수고에 대한 적당한 보상을 요구하는 경우가 있습니다. 그러나 내가 한 수고와 헌신을 잊어야 합니다. 그렇지 않으면 자신의 의가 됩니다. 승리의 마지막은 십자가여야 합니다. 수고하고 억울해할 필요가 없습니다. 우리가 할 일은 복음을 위해 하나님께 쓰임 받는 지금에 감사하는 것입니다.

저는 시드니에서 교인 수가 800명 이상 되고 교회가 성장하자 나도 모르게 소유의식이 생겼습니다. 이민사회에서 교회가 알려지자 안정감이 생겼습니다. 어느 날 새벽기도 중에 하나님이 '이 숫자가 너의 삶에 안정감을 주느냐? 내가 아니고 이 교회가 너에게 안정감을 주느냐? 이 교회는 내 것이다. 너의 교회가 아니다'라고 책망하셨습니다. 그리고 저는 바로 회개했습니다. '내 교회가 아니고 주님의 교회입니다. 오늘이라도 그만두라면 그만두겠습니다' 하고 기도했습니다. 그제야 교회에 대해 자유로워졌고 그날 이후부터 하나님 앞에 바로 설 수 있었습니다. '유능하고 적합한 사람이 나타나면 언제든지 그를 담임목사로 세우겠습니다' 라고 기도드렸습니다.

복음이 먼저 목회자를 변화시켜야 합니다. 변화된 목회자의 입술을 통해 복음이 흘러갈 때 복음의 능력이 사람의 영혼을, 내적 변화를 이끌 수 있습니다.

근본적인 변화가 일어난 사람들이 있어야 하나님도 그들을 통해 일할 수 있습니다. 제도와 조직을 통해서는 일하실 수 없습니다. 근본적으로 일을 하게 하는 것은 복음입니다. 복음의 능력이 그들을 헌신하게 하고 헌금하게 합니다. 복음이 있으면 무슨 일이 일어날지 모릅니다. 삶을 어떻게 바치게 될지 모르는 일입니다. 복음의 능력이 하나님의 사람을 다루어 가는 것을 보면 신이 납니다. 사역을 하면서 걱정할 필요가 없어집니다. 영적인 힘, 끌고 갈 수 있는 힘이 안 채워졌는데 자꾸 일만 시키니까 교인들이 교회를 옮기고 영적 침체에 빠지게 되는 것입니다. 그러나 십자가 안에서는 희생과 용서와 사랑과 이해와 섬김이 나옵니다.

그래서 주일 예배는 너무나 중요합니다. 교인들은 주일 예배를 통해 부활을 경험합니다. 그래서 목사는 모든 예배 순서마다 올인해야 합니다. 교인들이 세상에서 우울과 불행을 경험했다 할지라도 주일 예배를 통해 에너지를 가득 채울 수 있게 해야 합니다. 많은 프로그램이 필요 없습니다. 그러면 교인들은 여기저기 끌려 다니다 지칠 뿐입니다. 복음은 단순합니다.

chapter 6.

목사는 세상과 진리를 연결합니다

호주에서 사역하면서 저는 새가족반만큼은 꼭 제가 직접 인도했습니다. 6개월 과정으로 '목사는 누구인가, 교회는 무엇인가, 예수는 누구인가, 성경은 무엇인가, 구원이란 무엇인가'하는 가장 기본적이고 원론적인 주제들을 다뤘습니다. 쉬울 것 같지만 그렇지 않습니다. 그럼에도 이런 부분을 담임목사가 직접 잡아 주어야 하는 이유는 그래야 교인들이 정체성의 혼란을 겪지 않기 때문입니다.

문제는 정체성의 혼란에서 옵니다. 자기가 누구인지 모르기 때문에 생각이 엉키는 것입니다. 목사도 마찬가지입니다. '목사는 누구인가?', '교회란 무엇인가?'라는 질문에 명확한 자기만의 정의가 있어야 합니다. 여기서 꼬이면 답이 없습니다. 목사는 계속해서 목회의 원론을 확인하면서 정의내리고, 이 내용을 새가족반, 나아가 사역자반에서 노출할 수 있어야 합니다.

시간이 흐르면 가장 본질적인 질문을 잃어버립니다. 그러면 거기에서 실수가 발생합니다. 유명한 운동선수들의 특징은 기초에 충실합니다. 세계적으로 실력을 인정받았다고 교만 떨다가는 하루아침에 곤두박질치는 것입니다. 목회도 마찬가지입니다. 원론을 항상 기억하고 붙들어야 합니다. 본질이 곧 핵심입니다. 원론이 약해지면 현실적 문제가 커지고, 그러면 교회 성장을 위한 방법론에 더 집중하게 됩니다. 그렇게 되면 자신의 정체성을 놓치게 됩니다.

시대를 읽지 못하면 교회는 고립됩니다

농부는 정확한 때에, 정해진 장소에서 씨를 뿌립니다. 씨 뿌리는 시기가 조금만 빠르거나 늦어지면 한해 농사를 망칠 수 있습니다. 어부 역시 정확한 물때를 알아야 합니다. 계절과 시간, 장소에 따라 어종이 달라지기 때문입니다. 때로는 미끼나 낚싯대도 달라야 합니다. 오차는 허락되지 않습니다.

목사들도 교인들의 처한 상황, 삶의 형편, 나이에 따라 거기에 맞는 목회를 해야 합니다. 그들에게 맞는 예배의 세팅과 메시지가 있고, 프로그램 하나를 하더라도 교인들에게 맞는 전략이 있습니다. 그런데 우리는 똑같은 방식으로 보편적인 목회를 하면서 자기의 터를 주장하곤 합니다. 이 안으로, 내 안으로 들어오라고 하는 것입니다. 그러나 옆 교회에서 하는 방식을 따라하는 것으로는 안 됩니다. 무서울 정도로 정확한 방법으로 교인들을 만나야 합니다.

사실 이 부분에 대해 탁월했던 이들은 오순절주의자였습니다. 위르겐 몰트만(Jürgen Moltmann) 박사가 2009년 5월에 내한하여 서울신학대학교에서 '삶을 위한 신학-신학을 위한 삶'이라는 주제로 강의할 때 "지난 몇 십 년 동안 민중 신학에 더 가까웠던 것은 진보주의자보다 오순절주의자들이었습니다"라고 했습니다. 오순절주의자들은 민중이 고통하는 현실에서 문제는 먹고사는 것이라는 사실을 알았습니다. 진보주의자들은 이념만 가지고 싸울 때 그들은 배고프고 굶주린 사람들의 현실적 상황을 본 것입니다. 결국 오순절주의자들은 사람들에게 '빵의 복음'을 쥐어 줬습니다. 민중신학자들이나 진보주의자들보다 오순절주의자들이 더 진보적이었습니다. 물론 빵의 복음만을 준비한 것은 기복주의와 선량주의와 맞물리면서 시대 맞춤형이 되었고, 시대가 흐르면서 낡아 버렸습니다.

이념의 문제만 부르짖거나 현실 문제로만 다가가는 것은 한계가 있습니다. 상황 이해를 잘못하면 역사 속의 파문이 될 수 있습니다. 이것이 오늘의 한국 교회는 물론, 미국 교회의 현실이 되었습니다.

중요한 것은 '메시지가 어디로 흐르고 있느냐'입니다. 이것이 결국 그 교회의 미래 생존을 결정합니다. 메시지가 어디로 흐르고 있는지를 읽으려면 상황을 정확히 읽어 내야 합니다. 그 시대와 도시를 읽어 내고, 사람의 영혼과 심리를 읽어 내며, 여러 세계의 영혼과 문화, 역사, 철학, 사상을 이해해야 합니다. 한때 아들러의 심리학이 굉장한 인기를 누렸습니다. 그 이유를 알아야 합니다. 마이클 샌델의 《정의란 무엇인가》 같이 어려운 책에 왜 사람들이 열광했는지도 이해해야 합니다. 다 시대적 상황과 맞물려 있습니다.

그래서 저는 집회에 초청을 받으면 그곳 상황 이해에 많이 골몰합니다. 이들에게 줄 것은 많지만 다 준다고 해서 좋은 건 아닙니다. 도대체 이 청중들이 어떤 사람들인가를 알아야 합니다. 한번은 연예인들이 모인 자리에 초대를 받았습니다. 별 생각 없이 갔습니다. 그런데 막상 TV에서만 보던 사람들이 눈앞에 앉아 있는 것을 보니 기분이 이상했습니다. 물론 그들에게 얼마든지 좋은 메시지를 줄 수 있습니다. 그러나 그들에게 맞는 메시지를 주는 것이 더욱 중요합니다. 메시지를 통해 그들을 어디로 데려갈 것인지, 무엇을 먹일 것인지를 고민해야 합니다.

한국 교회가 시대의 흐름에 빠져서 시대와 똑같이 박자를 맞추면 결국 세상을 선도하지 못합니다. 지금 한국의 상황이 참 독특합니다. 변화가 굉장히 불규칙합니다. 그리고 빠릅니다. 그러다 보니 사회 깊이 두려움이 드리워져 있습니다. 당장 내일 무슨 일이 일어날지 아무도 예측할 수 없습니다. 가치의 혼란이 오고, 무엇이 옳은지 분별할 수 없습니다. 돈을 좇았는데 돈이 정답이 아닙니다. 열심히 하면 되는 줄 알았는데 노력이 나를 배신합니다.

그런데 교회가 세상에 아무런 메시지를 던지지 못합니다. 진리와 세상 사이에 다리를 놓지 못합니다. 목사들의 설교가 허공에서 흩어집니다. 심장에 꽂히지 않고 지나갑니다. 내용이 아무리 좋아도 현실의 삶을 정확히 포착하지 못해서 그렇습니다. 교인들의 입에서는 "So what?"이라는 질문이 나올 수밖에 없습니다. 그 말은 즉 우리는 지금 고립되어 있다는 것입니다. 교인들의 삶의 현장에 들어가지 못하고 동떨어져 있는 것입니다. 우리만의 세계 안에 갇혀 있는 것입니다. 피 튀기는 삶의 현장 속에서 좌판 깔고 앉아 있는 교인들의 심정을 알 수가 없습니다. 높은 빌딩 한편에 앉아서 서명 하나에 생명이 좌우되는 교인들의 마음을 읽어 내기에는 거리가 너무 멉니다.

교회처럼 다양한 구성원이 있는 데가 어디 있겠습니까? 우리는 그들의 삶에 공감해야 합니다. 목사와 교인과의 관계에서 공명감이 있어야 합니다. 공명이 일어나면 소리가 나기 시작합니다. 월요일에 일상으로 돌아가는 교인들의 삶에 목사가 들어 있습니까? 서재에서 설교만 만들어 내는 기술직 근로자처럼 일하고 있지는 않습니까?

유진 피터슨은 《참된 목자》에서 목사직이 어떻게 보면 굉장히 단순한 노동직이라고 말합니다. 심방이나 설교도 똑같은 것 몇 번 하면 되니 머리 쓸 일도 없습니다. 뻔한 루틴이 돌아갑니다. 영혼이 없습니다. 그는 어렸을 때 아버지가 정육점 하는 목회자였고, 고기 한 번씩 얻어먹으러 오는 목사님은 아버지보다 훨씬 세속적인 사람이었다고 합니다. 미국이라는 서구 사회에서는 목사가 이미 명예를 잃었습니다. 한국도 마찬가지입니다. 목사는 더 이상 과거 존경받던 성직이 아닙니다.

그렇다면 목사는 누구입니까? 목사는 곧 다리를 놓는 사람입니다. 세상과 진리를 연결하는 것입니다. 즉 '컨텍스트'(context)의 고민을 가지고 사는 것입니다. 따라서 현실을 가볍게 이해하면 안 됩니다. 목사의 능력은 상황에 대한 깊은 이해에 있습니다. 맥락의 이해를 위해 심방도 가야 합니다. 책을 읽을 때도 그렇습니다. 상황에 대한 이해가 깊어질수록 설교도 달라집니다.

한국에서도 마찬가지겠지만, 이민목회를 하다 보면 특히 위기에 취약합니다. 사건이 한번 터지고 나면 되돌아갈 수 없습니다. 회개하고 치유하는 것이 거의 불가능합니다. 대부분의 교회는 이런 문제를 뛰어넘지 못합니다. 교인들은 문제가 생기면 모든 사건을 이 문제에 연결시킵니다. 말씀이, 복음이 흘러갈 수 없는 환경이 되는 것입니다. 그러니 목사로서 할 수 있는 일이 없습니다. 위기를 뛰어넘고 회복하는 이민 교회를 본 적이 없습니다.

왜 그럴까 생각해 봤습니다. 이민자들의 삶을 깊이 들여다봤습니다. 그들에게는 불안정한 삶에서 오는 아픔과 상처가 있습니다. 그들은 그곳 주류사회에서 보면 소외계층입니다. 본토 사람들에게 인정받지 못하고 무시받을 때가 많이 있습니다. 그러다 보니 좌절감과 절망, 패배의식이 크게 자리잡고 있습니다. 화가 많습니다. 잘못하면 먹살 잡힙니다. 까다로운 과제가 목회 현장에 산재되어 있습니다.

목사가 이런 교인들을 이해하지 못하고 공감하지 못하면 복음을 흘려보낼 수 없습니다. 공감이 있어야 감동을 일으킬 수 있습니다. 설교든 사역이든 첫 번째 접근 방식은 정확한 이해에 초점을 맞춰야 합니다. 이 교회가 전통주의 교회인지, 구성원은 어떻게 되는지, 그동안의 역사는 어땠는지를 알아야 합니다. 그것이 처음 부임 받은 목사가 해야 할 일입니다.

리더는 동기를 부여해 주는 사람입니다

또한 목사는 동기의 순수성을 확보해야 합니다. 뭘 하느냐가 아니라 그게 어디에서 출발했는지가 중요합니다. 교회의 건물을 사든 조직을 하든 장로를 뽑든 기도하면서 하나님이 주신 음성을 받는 확신이 필요한 것입니다. 누가 물어도 확실하게 설명할 수 있는 내 안의 열정과 근거를 찾아내야 합니다.

교회를 옮길 때도 그냥 내맘대로 하는 것이 아닙니다. 하나님의 분명한 부르심이 있어야 합니다. 하나님이 옮기라고 하시기 전까지는 천지가 무너져도 옮길 수 없는 것입니다. 순수한 동기가 필요합니다. 그것이 곧 부르심입니다. 내가 하고 있는 일이 하나님으로부터 온 것이라는 확신이 있으면 생명을 걸 수 있습니다.

무슨 일을 하기 전에 스스로에게 물어보십시오. 이 동기가 정말 하나님으로부터 온 것이 맞습니까? 말씀과 기도를 통해 확신을 확보해 놓으십시오. 그러면 중간에 어떤 어려움이 오든 포기하지 않고 나갈 수 있습니다. 그런데 그 동기가 없으면 지칩니다. '왜 내가 이 일을 시작하고 있지? 누가 하라고 했지' 하는 질문에 대한 분명한 답이 있어야 합니다.

리로이 아임스(Leroy Eims)는《동기를 부여하는 지도자》에서 이 부분에 대해 잘 설명하고 있습니다. 리더십은 사람들에게 동기를 부여해 주는 사람입니다. 미국의 알려진 탁월한 목회 지도자들을 보면 동기부여를 기가 막히게 잘합니다. 억지로 끌고 가지 않습니다. 감동을 주고 행동으로 옮기게 합니다. 쥐어짜는 목소리로 목회하는 것은 잘못된 것입니다. 동기가 우선입니다.

방향 설정을 하고 전력 질주하십시오

동기의 순수성을 회복하면 목회의 초점을 송곳 끝처럼 날카롭게 맞출 수 있습니다. 목회는 혼란스럽게 하는 것이 아닙니다. 어떤 분야에서 이루어 가는 사람들은 그리 다재다능하지 않습니다. 다만 한 분야에 집중합니다. 목회도 그렇습니다. 이 세계냐 저 세계냐 두루 다니다가 자기 것을 못 찾게 됩니다. 저기 가면 저게 맞는 것 같고 여기 가면 이게 맞는 것 같습니다.

목회는 초점을 맞춰야 합니다. 초점을 맞춘 사람은 단순합니다. 목회 방식이 복잡하지 않습니다. 또한 흔들리지 않고 열매를 맺을 수 있습니다. 이륙하기 전 비행기는 정확한 목적지가 있습니다. 목적지가 없으면 방향 설정을 할 수 없습니다. 연료가 아무리 많다고 좋은 것이 아닙니다. 목회도 마찬가지입니다. 아무리 열심히 애만 쓴다고 되는 것이 아닙니다. 정확한 지점에 방향을 설정해야 합니다. 그리고 전력 질주해야 합니다. 목표 없이 너무 열심히만 하는 것도 위험합니다.

이륙할 때는 어슬렁거리면 안 됩니다. 활주로는 끝나는 지점이 있습니다. 그 끝에서는 반드시 날아야 합니다. 목회를 할 때도 1~5년차까지는 이륙 과정이라고 볼 수 있습니다. 이때 이륙을 못하면 못 뜹니다. 나중은 없습니다. 목회는 회전목마가 아닙니다.

우리는 진리를 가지고 있습니다. 복음의 능력도 있습니다. 성령님의 임재도 있습니다. 기도할 수도 있습니다. 뜰 수밖에 없는 날개가 있는 것입니다. 그러니 교회 개척이 맨땅에 헤딩이라는 말은 잘못됐습니다. 가진 것이 이렇게 많은데 왜 맨땅에 헤딩입니까? 신구약은 세상 그 어떤 책을 모아 놓아도 이길 수 없는 진리가 담겨 있습니다. 한 구절에 꽂히면 인생이 완전히 뒤집어지는 힘이 있습니다.

문제는 정확한 동기도, 초점도 없기 때문입니다. 이것들이 분명하면 일정 시간 뒤에는 뜰 수밖에 없습니다. 그러니 뜨기 전까지 우리는 딴청 피우면 안 됩니다. 다른 곳에 눈 돌려도 안 됩니다. 하나님께만 집중해야 합니다.

목회는 일주일 중 7일을 꼬박 쏟아부어도 될까 말까 합니다. 두 마리 토끼를 다 잡는 것은 불가능합니다. 한 가지만 하십시오. 초점을 맞추면 가지치기를 할 수 있습니다. 오라 하는 곳이 많아도 가지 않을 수 있습니다. 부탁해도 거절할 수 있습니다. 목회의 본질을 붙잡으십시오.

잘 준비된 핵심 프로그램이 필요합니다

목회의 방향이 결정되면 그에 맞는 프로그램을 세팅해야 합니다. 주의할 점은 자꾸 이것저것을 붙이면 안 된다는 것입니다. 리모델링하는데 이것저것 갖다 붙이면 이상한 모양새가 됩니다. 그러면 어디에 핵심을 두어야 할까요? 바로 말씀과 기도입니다. 모든 프로그램, 집회에는 기본적으로 '말씀과 기도를 어떤 방법으로 심화시킬 것인가?'가 중점이 되어야 합니다. 하나 더하면 찬양입니다.

호주에서 저에게 복이 되었던 두 가지는 새가족반을 맡아서 훈련시킨 것과 큐티입니다. 큐티의 가장 기본은 1대 1로 하나님과 교제를 하는 것입니다. 그리고 나눔을 할 수 있는 그룹이 있어야 합니다. 교인들을 연령별로 그룹을 나눴습니다. 그리고 주일 점심식사 후에 모든 교인이 각자 속한 그룹에서 말씀을 묵상했습니다. 그러면 전체 교인들이 한 말씀을 가지고 묵상할 수 있었습니다. 여기에서 오는 도전과 은혜는 굉장했습니다. 아무리 큐티 세미나를 하고 대형집회를 해도 받을 수 없는 은혜입니다. 이 큐티를 통해 교회가 통치되고 있다는 것을 경험했습니다.

이렇게 큐티가 일상화되다 보면 어느 정도 레벨이 쌓이면서 일상생활에서도 큐티할 수 있습니다. 지속적으로 경건 생활을 할 수 있습니다. 이것은 결국 말씀이 교인들의 삶에 흘러가게 하는 동기가 되었습니다. 말씀과 기도의 두 축이 균형을 이루면서 교인의 삶 속에 심화되어 갔습니다. 프로그램이 단지 프로그램으로만 끝나는 것이 아니라 교인들의 삶을 변화시켰습니다.

전통적인 주일예배, 수요예배, 새벽기도도 정말 중요합니다. 주일예배는 강력한 영성으로 중심이 되어야 합니다. 새벽기도는 잔잔하게 파도를 칩니다. 새벽기도는 정말 중요합니다. 여기에 나오는 인원이 결국 그 교회를 받쳐 줍니다. 거기서 영향력이 나오고, 경건이 나옵니다. 수요예배는 일꾼들을 훈련시키는 시간이 되어야 합니다. 이때는 말씀 강해를 하는 것이 좋습니다. 만약 이런 것들이 무너져 버리면 어떤 프로그램을 하든 부실해질 수밖에 없습니다. 본체가 약하기 때문에 다른 것들을 붙일수록 약해집니다.

그래서 기본적인 세팅이 중요합니다. 중심에서 큰 파도를 치면 다른 모임, 부서들이 거기에 맞춰 움직입니다. 그때 다이내믹이 일어납니다. 혼자 하는 것이 아닙니다. 다양한 요소들이 한 방향으로 결을 맞추어 물결을 이루어야 합니다. 사도행전은 다이내믹합니다. 성령님이 거대한 힘으로 움직이십니다. 바람같이 불같이 운행하며 제자들을 탄탄하게 강화시키셨습니다. 우리의 영성도 그래야 합니다. 유행에 따라가면 안 됩니다.

어떤 프로그램이든 섣불리 시작하지 마십시오. 한 번 실패하면 다시 시작하기 정말 어렵습니다. 잘 준비되었을 때 시작하십시오. 외부적인 것, 나에게 맞지 않는 것을 무리해서 끌어가다가 탈나면 안 됩니다. 어떤 것이든 자기화하십시오. 쉽게 시작하면 나중에는 그 프로그램이 교회를 약화시킵니다. 다양할 필요도 없습니다. 다양하면 잔물결만 칩니다. 핵심적인 프로그램을 지속적으로 반복하는 것이 중요합니다.

chapter 7.

제자훈련은
목회의 노른자입니다

제자훈련의 핵심은 한 영혼에 대한 집중력입니다. 목사가 집중하지 못하면 훈련생들은 단박에 눈치를 챕니다. 그러면 학습 효과가 뚝 떨어질 수밖에 없습니다.

심방을 하고 정신없이 강의실에 들어가 보십시오. 얼굴에는 피곤이 서려 있고, 다른 데서 힘을 다 빼고 와서 목소리에 힘도 없습니다. 그러면 훈련생들은 '아, 이게 중요한 게 아니구나' 하고 생각합니다. '목사님은 다른 중요한 일들이 많은데 어쩔 수 없이 힘들게 우리를 끌고 가고 있구나' 하는 것입니다. 그러면 훈련생들은 스스로 제자훈련을 우선순위에서 제외시키고 적당히 수위를 조절할 것입니다. 하지만 목사는 누구보다 제자훈련을 우선순위에 둬야 합니다.

제자훈련을 이끌 때는 훈련생 모두의 심리를 읽기 위해 집중해야 합니다. 지난주와 이번 주 태도의 미세한 차이를 읽어내야 합니다. 이를 통해 그동안 그의 삶에 일어난 환경적 변화, 심리적 변화, 영적 변화, 건강의 문제를 깊이 있게 들여다보고 관심을 가져야 합니다. 이것에 따라 훈련생들의 변화의 정도가 달라집니다.

집중력을 갖는다는 것은 쉬운 일이 아닙니다. 우리는 영적 집중력을 가져야 합니다. 이런 집중력은 은혜 안에서 영적으로 깨어 있을 때 가능합니다. 교회도 공동체가 영적으로 어디로 가고 있는지 계속 영혼들을 살피면서 책임을 지려고 하는 태도를 가져야 보이는 게 있습니다. 대충 보면 안 보입니다.

다른 관점에서 접근하십시오

우리는 교인들을 만나면 기도제목을 적기도 하고, 지금 삶의 상태가 어떤지도 적습니다. 그런데 그다음에 만나서는 아무런 반응이 없을 때가 있습니다. 안부를 묻지도 않습니다. 교인 입장에서는 문제가 있을 때 누군가 관심을 가져 주고 기도해 주고 물어봐 주면 감동을 합니다. 그 관심이 고맙습니다. 이야기를 나누고 말씀을 바탕으로 한 조언을 들으면서 힘을 얻습니다. 그런데 아무리 내 이야기를 해도 목사로부터 반응이 없으면 무관심으로 여깁니다. 그렇기 때문에 우리는 교인들의 삶에 집중하고 문제를 파악하고 끄집어내며 돌봐 주어야 합니다. 무덤덤하게 지나가면 안 됩니다.

그런데 제자훈련을 하면서 목사가 훈련생들에게 무관심합니다. 사역이 많아서 그렇습니다. 제자훈련이 또 다른 '일'이 되어서 우선순위를 놓칩니다. 큰 교회일수록 더욱 그렇습니다. 한 목사가 담당해야 할 교인이 수백, 수천 명이 되기도 하는데 제자훈련은 고작 10여 명에 불과합니다. 대중을 상대하는 것에 빠져 있으면 이 제자훈련은 아주 한심한, 비생산적인 구조로 보이기도 합니다.

그러나 우리는 제자훈련을 전혀 다른 관점에서 접근해야 합니다. 우리가 왜 여기에 뛰어들었는지를 먼저 생각해야 합니다. 단순히 성경공부쯤으로 생각하면 여전히 비생산적으로 보입니다. 차라리 몇 백 명 모아서 단체로 강의를 듣게 하는 게 낫지 않겠습니까? 그런데 제자훈련은 영혼을 돌보고 섬기는 목양의 노른자위입니다. 목사는 그것을 깨달아야 합니다.

목회를 해 보면 결국은 자기가 낳아 애정을 가지고 말씀으로 훈련시켜서 키워 낸 그 사람들만 남습니다. 그냥 왔다 갔다 하는 사람들에게 현혹당하면 목회가 붕 뜹니다. 그래서 목양이 필요한 것입니다. 때로는 씨름도 하고 속도 끓이면서, 몸부림을 하면서 키우다 보면 정이 듭니다. 말씀으로 변화되는 모습을 보면서 목사 스스로 기쁨을 느끼고 하나님을 만납니다. 이것이 제자훈련을 하는 이유입니다.

제자훈련을 우선순위에 두려면 대가 지불을 많이 해야 합니다. 애정과 시간이 무한정으로 듭니다. 대충 준비할 수도 있지만, 훈련생들이 우선순위를 느끼게 하려면 충분히 준비해야 합니다. 어떤 질문이 나올지 모릅니다. 본문에 나오는 접속사 하나, 단어 하나, 지명 하나까지 충분히 답해 줄 수 있도록 준비해야 합니다. 사실 목사들이 설교를 할 때는 질문을 받을 필요가 없습니다. 그런데 소그룹은 질문에 대한 대비를 해야 합니다.

내가 준비를 제대로 하지 않으면 훈련생들은 기가 막히게 압니다. 훈련생들이 열심히 안하는 것 같고 설렁설렁 하고 있는 것 같으면 먼저 내 모습을 보십시오. 혹시 우선순위를 두지 않고 느슨하게 하고 있지는 않습니까? 강의 들어갈 때 최상의 컨디션으로 들어갈 수 있도록 일정을 잘 조절하십시오. 잠이 올 것 같으면 세수라도 해야 합니다. 안경도 닦으십시오. 내가 제자훈련에 얼마나 집중하고 있느냐에서 목회의 승패가 결정됩니다.

공부보다 변화에 집중하십시오

제자훈련의 핵심은 변화입니다. 변화가 없으면 훈련은 의미가 없습니다. 보통 변화는 훈련 받는 날보다는 그날과 다음 모임 사이에 일어나야 합니다. 우리가 다뤘던 말씀을 한 주간 어떻게 삶 속에서 풀어내고 또 살아 내기 위해 애를 썼는지, 그 과정에서 변화가 오는 것입니다.

변화가 일어나면 나눔이 풍성해집니다. 지난주 삶을 휘감았던 문제가 이번 주 어떻게 하나님 앞에 다뤄졌는지, 그래서 삶이 어떻게 변화되고 있는지의 이야기들이 터져 나옵니다. 그런데 그런 것이 없으면 그냥 말씀 배운 것으로 끝납니다. 그래서 목사는 수업을 시작하기 전에 지난주에 다뤘던 말씀으로 한 주간 어떻게 살았는지 확인하는 시간을 가져야 합니다. 그러면 훈련생 입장에서는 공부를 그냥 할 수 없습니다.

공부보다 변화에 집중해야 하지만 우리에게 문제가 있습니다. 신앙과 삶이 연결이 잘 안 됩니다. 그러니 제자 훈련을 받으러 와서 별로 삶을 내놓지 않습니다. 그런데 한 주간 내가 겪은 갈등, 고민 같은 것들을 내놔야 합니다. 가정의 문제, 배우자와의 문제, 부모와 자녀의 문제, 재정 문제, 욕망의 문제 등 삶의 문제를 꺼내야 합니다. 변화는 내 노력이지만 결국 성령님의 도우심이 필요합니다.

성령의 은혜를 갈망하는 사람들을 보면 말씀을 실제화하려고 노력합니다. 우리 힘으로 안 되는 것을 아는 것입니다. 그래서 철저하게 절망하며 하나님 은혜만 붙듭니다. 하나님 앞에 모든 갈등을 숨김없이 꺼내 놓습니다. 그러면 문제가 해결되고 풀어집니다. 그뿐만 아니라 내적 변화, 존재론적 변화가 일어납니다. 그게 가장 큰 기쁨입니다.

목회를 하다 보면 교인들의 내적인 변화를 지켜보는 것만큼 큰 기쁨이 없습니다. 그걸 위해 목사가 많은 기도로 도와야 합니다. 그리고 말씀으로 같이 부둥켜안아야 합니다. 함께 말씀을 보며 진지한 질문들을 풀어 가다 보면 삶이 변해 가는 것을 느낄 수 있습니다.

소그룹 안에서 공부하다 보면 신음소리가 납니다. 말씀에 정면으로 부딪히니까 끙끙거리게 되는 것입니다. 그러면서 실질적으로 변화를 맛보고 어둠에서 빠져나오는 사건들이 일어납니다. 얼마나 신나겠습니까? 그럴 때 목사는 끙끙대는 교인들의 질문을 말씀으로 시원하게 답해 줄 수 있어야 합니다. 교재는 있지만, 사실 교재에는 답이 없을 때가 많습니다.

저는 문제가 심각할수록 함께 모인 사람들의 생각을 물어봅니다. "이 문제에 대해서 집사님은 어떻게 생각하시나요?" 하고 묻는 것입니다. 그리고 그들의 의견을 들어 줍니다. "아, 그렇게 생각할 수도 있겠네요" 하고 인정을 해줍니다. 그리고 마지막에는 "그럼 성경은 뭐라고 하는지 봅시다" 하는 것입니다. 여기서 목사의 말씀 내공이 나옵니다. 목사의 진면목이 드러납니다. 그러다 보면 혼란한 것들이 정리되고 교인들은 말씀에 확신을 갖게 됩니다.

목사의 삶을 보여 주는 것만큼 기가 막힌 레슨은 없습니다

제자훈련의 가장 큰 수혜자는 목사라는 이야기를 많이 합니다. 왜냐하면 목사가 먼저 말씀대로 사는 노력을 해야 하기 때문입니다. 제자훈련이 어려운 이유가 바로 여기에 있습니다. 제자훈련은 지도자의 삶이 핵심인 것입니다.

그러다 보니 제자훈련을 오래하면 목사가 곁길로 나갈 수가 없습니다. 말씀도 같이 보고 외우고 암송하고 묵상하고 실천하고 숙제도 같이 하다 보면 오롯이 거기에 집중하게 됩니다. 그리고 훈련생들과 말씀을 더 깊이 나누려면 성경 실력이 필요하니 끊임없이 공부해야 합니다. 풍성하게 인도하려면 책도 더 많이 읽어야 합니다. 묵은 거 꺼내 놓으면 안 되는 것입니다. 그래서 제자훈련도 교재를 해마다 바꿉니다. 해마다 똑같은 소리 안 하려고 새롭게 준비를 합니다.

그러다 보면 목사 자신의 영적, 성경적 실력이 늘고, 삶에 대한 부분도 계속 다듬어져 갑니다. 훈련생 입장에서는 목사의 삶의 이야기가 가장 도전되지 않겠습니까? 그래서 헌금생활 이야기가 나와도 당황하지 않고 솔직하게 이야기합니다. 실수한 이야기도 숨기지 않습니다. 처음에는 부끄러운 모습이 있었지만 지금은 조금씩 성장하고 있다는 이야기를 그대로 합니다.

목사가 나를 안 깨뜨리고 다른 사람을 깨뜨릴 재간이 있습니까? 나는 구름 위에 있는 사람처럼 얼굴 꼿꼿하게 들고 있어 봐야 그런 목사 보고 깨지는 사람 하나 없습니다. 제자훈련이 안 되는 것입니다. 내 연약함을 통해 주시는 하나님의 은혜를 깊이 깨달아야 합니다. 연약함을 드러내는 데 두려워하지 말아야 합니다. 성경도 그렇지 않습니까? 연약해서 쓰임받지 못한 사람은 성경에 한 사람도 없습니다. 오히려 연약함을 인정하지 않았기 때문에 버려지는 것입니다.

'목사님도 훈련 속에서 영적으로 변화하고 있구나' 하는 것을 보여 주는 것만큼 기가 막힌 레슨은 없습니다. 물론 쉽지 않습니다. 어떤 목사는 가르치는 것은 잘하는데 소그룹에 약합니다. 내 삶 이야기만 쏙 빼서 그렇습니다. 삶을 투명하게 노출해 보십시오. 교인들의 변화가 클 것입니다.

찬양, 기도, 말씀의 삼박자가 탁월해야 합니다

훈련 시간에는 예배가 있어야 합니다. 예배를 위해서는 찬양과 기도와 말씀이 있어야 합니다. 이 삼박자가 잘 맞아야 합니다.

찬양을 할 때는 그 자체가 예배가 되게 해야 합니다. "자, 우리 제자훈련 전에 찬송 한 곡 부릅시다"가 아닙니다. 찬양 시간은 뭔가를 준비하는 시간이 아니라 눈물 뚝뚝 흘리며 하나님의 임재와 은혜를 느낄 수 있는 시간입니다.

사실 대그룹을 인도하는 것보다 소그룹 인도가 더 어렵습니다. 그러나 5~10명 모인 그 자리에서 찬양하고 기도하면서 성령의 임재를 경험하게 되면 말이 달라집니다. 노래를 잘 부르는 것은 중요하지 않습니다. 반주가 없을 수도 있습니다. 기타 하나 있으면 충분하지만, 그마저 없어도 은혜가 있으면 됩니다. 기름부으심이 있으면, 성령의 임재가 있으면 영혼을 만질 수 있습니다.

선곡도 그냥 하면 안 됩니다. 소그룹에 맞는 곡이 있습니다. 기도하며 정해야 합니다. 그래야 기름부으심이 임합니다. 훈련생들에게 한 곡씩 정해 오라고 하는 방법도 있습니다. 그리고 찬양을 시작하기 전에 왜 그 곡을 선택했는지, 혹시 간증이 있는지 이야기를 들어 보는 것도 좋습니다. 그러면 은혜가 더할 수 있습니다.

기도를 할 때는 형식적으로 하면 안 됩니다. 시작할 때는 오늘 나눌 말씀에 대한 성령의 조명에 대해서 간단하게 기도를 하고, 마치고 나서는 기도를 넉넉하게 하는 것이 좋습니다. 어떤 경우는 마무리 기도를 형식적으로 하고 끝내기도 합니다. 그런데 이 부분에서 큰 차이가 납니다.

기도를 약식으로 끝내게 되면 말씀의 내재화가 안 됩니다. 말씀이 머리에서만 멈춰서 가슴으로 내려오지를 못합니다. 간절하게 기도하면서 기도에 불이 붙도록 해야 합니다. 말씀이 가슴으로 가서 삶으로 살아낼 수 있도록 해야 합니다. 그래서 목사가 기본적으로 찬양과 기도를 다 인도할 수 있는 것이 좋습니다.

만약 그날 건강이 유독 좋지 않은 교인이 있다면 그를 위해 합심으로 기도할 수 있습니다. 부부관계가 어렵거나 삶의 문제를 꺼내 놓은 교인이 있다면 그 문제를 가지고 기도하는 것도 좋습니다. 그래서 모인 한 사람 한 사람이 기도 안에서 섬김을 받도록 하는 것이 정말 중요합니다. 그러다 보면 차마 기도제목을 꺼내 놓지 못하고 고민하던 교인들이 자기 이야기를 할 수 있습니다. 기도제목 꺼내기를 즐거워합니다. 삶을 나누는 것이 어렵지 않습니다. 그러다 보면 갈수록 기도가 무르익습니다. 서로를 중보하며 긍휼이 무엇인지를 배울 수 있습니다. 그러면 그 소그룹의 분위기가 완전히 달라집니다.

말씀은 제자훈련의 진수입니다. 목사는 훈련생들이 말씀을 들으며 '아, 성경을 더 알고 싶다'라는 갈망이 생기도록 해야 합니다. '말씀이 이렇게 깊고 오묘하고 즐겁구나', '앞으로 더 열심히 공부하고 성경을 좀 더 알아야겠다' 하는 열망이 생겨야 합니다. 그러려면 성경을 어떻게 보는 것인지 맥을 짚을 수 있도록 해줘야 합니다. 안목을 기를 수 있게 해줘야 합니다. 그래야 성경을 읽는 것이 즐거울 수 있습니다.

또 목사는 훈련의 강도를 조절할 필요가 있습니다. 너무 강하게 하면 훈련생들이 따라가기가 쉽지 않고, 너무 느슨하면 긴장감이 떨어져 학습 의욕까지 떨어집니다. 과제를 낼 때도 완급조절이 필요합니다. 훈련생들은 못 따라오는데 혼자 앞서서도 안 되고, 너무 지루하게 해서 주중에 말씀의 끈을 놓치게 해서도 안 됩니다.

예수님의 제자라는 정체성을 분명히 해야 합니다

제자훈련을 할 때는 그 교회의 교회론 안에서 커리큘럼을 다뤄야 합니다. 왜 이 훈련을 받는지에 대해서 교인들이 인식할 수 있어야 합니다. 담임목사에게는 어떤 목회적 철학이 있는지, 어떤 뜻을 가지고 이 교회를 세우고 운영하고 있는지를 가르쳐야 합니다. 이 과정을 통해 우리의 사역 안에 하나님이 계심을 강조하고, 예수님의 메인 사역 중심부에 우리가 들어와 있음을 알도록 해야 합니다. 그래야 교회 구성원으로서 자부심을 가질 수 있습니다. 예수님의 제자로서 자신의 정체성을 분명히 할 수 있습니다.

제자훈련은 개인의 신앙 성장을 위해서 하는 것이기도 하지만, 그보다 더 큰 그림이 있습니다. 예수님의 제자가 되는 것입니다. 영적 치유, 회복은 과정이지 목표는 아닙니다. 우리는 군중이 아니라 한 사람의 제자가 되는 것, 그 길은 십자가의 길이고 그리스도를 위해 대가를 지불하는 길임을 깨달아야 합니다. 그래서 교회를 위해, 하나님 나라를 위해 내 삶을 드리는 진정한 제자가 되기를 소망하게 해야 합니다. 그럴 때 교인 한 사람 한 사람이 제자 삼는 삶을 드리기까지 성장할 수 있습니다.

그러면 교회에서 어떤 프로그램을 진행할 때도 거기에 담긴 교회와 담임목사의 철학을 알게 됩니다. 봉사를 하더라도 그저 열심히 하고 끝나는 것이 아니라 그 일이 하나님을 위한 헌신임을 알게 됩니다. 그럴 때 교인들은 대충 하지 않습니다. 생사를 겁니다.

제자훈련은 우리 모두가 철학의 일치를 이루기 위해 하는 것입니다. 하나의 공동체로서 한 몸이 되는 것입니다. 그러면 교회가 더욱 성장할 수 있습니다. 한 사람의 제자를 만들라 명하신 주님의 명령의 비밀이 여기에 있습니다.

변화된 사람이 나와야 교회입니다. 그런데 우리는 그냥 열심히만 목회하니까 온전한 그리스도인 한 사람 키워 내기가 쉽지 않습니다. 주일에 아무리 설교 듣고 기도해도 세상에 나가서 한방에 다 날려 버립니다. 제대로 된 제자가 나올 수 있도록 혼신의 힘을 쏟아야 합니다.

Part 3.

교회,
건물을 뚫고
나오다

교회는 무엇인가

chapter 8.

교회론이 확실해야
기초가 튼튼합니다

호주에서 생각지도 않았던 개척을 하고 11개월 만에 한국에 나온 적이 있습니다. 비자 승인이 길어지는 바람에 호주로 돌아가는 일이 미뤄지면서 20개월을 한국에 머물렀습니다. 그런데 그 시간이 제게는 오히려 전화위복이 되었습니다. 호주로 돌아갈 날을 기다리면서 교회론과 관련된 책을 많이 읽었고, 개척교회, 큰 교회 할 것 없이 한국 교회 이곳저곳을 돌아볼 수 있었습니다. 그러면서 교회론에 관한 정리를 할 수 있었습니다.

그 후로 제가 집중한 것은 말씀 목회였습니다. 호주에 돌아가서도 교회의 기본적인 틀을 말씀으로 바꿨습니다. 건물이나 조직보다는 교인 한 명 한 명이 그리스도의 몸으로서 하나님 나라로 세워져 갈 수 있도록, 그들의 신앙을 견고히 해 나가도록 훈련에 집중했습니다. 조직은 간결하게 바꿨습니다. 전통적인 방식으로 해오던 것을 다 없애고 본질적인 것에 집중했습니다. 그때는 그게 어느 정도 파급력이 있었는지 몰랐는데, 알고 보니 교인들 사이에서는 영적 지진을 경험했다고 합니다. 어디서도 보지 못했던 새로운 교회를 접했다는 것입니다.

사실 그때 저는 목회 경험이 많지 않았습니다. 교육전도사로 두 교회를 섬겼고 수영로교회에서 전임으로 5년을 섬겼습니다. 그리고 20개월 동안 교회론을 정리한 게 다였습니다. 그러면서 갈증이 심했습니다. 목회자로서 깊은 절망감을 맛봤습니다. 좀 더 본질에 집중하는 교회를 세우고 싶었습니다. 그렇게 고민하고 준비했던 것을 저는 특별하다고 생각하지 못했는데 교인들은 새롭게 받아들인 것입니다.

중요한 것은 나만의 교회론을 정리하는 일이 목회에 큰 영향을 끼친다는 사실입니다. 목회에는 핵심적 가치와 원리를 견고히 하는 것이 중요합니다. 핵심적 가치와 원리가 무엇입니까? 결국 교회론을 말하는 것입니다.

이것은 건물을 짓기 전에 내진을 설계하고 기초를 다지는 것과 같습니다. 다 짓고 난 다음에 보수공사 하는 것은 어렵습니다. 공사를 시작하기 전에 건물을 몇 층으로 올릴 것인지, 그것에 맞춰 기초공사는 얼마나 깊게 할 것인지, 창은 얼마나 낼 것인지, 내부 설계는 어떻게 할 것인지를 정해야 합니다. 이것이 교회론을 세우는 작업입니다.

나만의 것으로 교회론을 세팅하십시오

나만의 교회론이 있습니까? 선배를 통해서 배운 목회, 유명한 목사의 방법을 카피한 목회가 아니라, 그 배운 것들을 통해 응용된 나만의 목회 말입니다.

자기만의 교회론이 있으면 목회가 복잡하지 않습니다. 복잡하다면 자기 것이 없다는 말입니다. 교회가 가지고 있는 원리가 분명하지 않기 때문입니다. 그래서 이것저것 다 강조하다 보니 뭐 하나도 강조가 안 되는 꼴이 됩니다. 한 교회가 열 가지 역할을 다 소화할 수 없습니다.

유행처럼 번지는 것을 도입할 생각하지 마십시오. 누구 흉내 내지 마십시오. 카피 목회하지 마십시오. 그 지역에, 그 목사에게 맞는 목회가 있습니다. 내 경험, 은사, 나만의 것으로 목회를 세팅해야 합니다. 내 안에서 무엇인가를 찾아내야 합니다. 어떤 목회를 해야겠다는 선명한 기준과 확신을 가지고 있어야 메시지도 나옵니다. 그렇지 않으면 일관성이 없어집니다.

한국 교회는 성장론을 추구하다가 결국 방법론에 빠져 버렸습니다. 그런데 이제는 방법론으로 싸워서는 안 됩니다. 원리의 싸움을 해야 합니다. 목사는 목회의 본질을 고민해야 합니다. 그러려면 지금까지 갖고 있던 전통을 지워야 합니다. 원리가 세워지지 않은 채 얻는 방법론은 의미가 없습니다.

먼저 어떤 교회를 세우고자 하는지를 확고히 해야 합니다. 그것을 고집이라고 말할 수도 있지만 성경적 배경을 두고 있으면 말이 달라집니다. 목사 개인의 고집은 아무도 동의할 수 없고 확신도, 설득력도 없습니다. 그러나 성경을 배경으로 한 확신이 있으면 그것은 고집이 아니라 철학입니다. 그 철학이 설교에도 묻어나게 됩니다. 예배 안에도 흘러갈 것이고 조직에도 흘러갑니다. 모든 영역 속에, 프로그램 안에도 흘러갑니다. 집중력이 생기는 것입니다.

이 교회론은 교파를 넘어섭니다. 교파를 무시하는 것은 아닙니다. 하지만 너무 신분 따지고 교파 따지는 것은 갇혀 있는 것입니다. 이런 목회는 국수 가락처럼 얇고 금방 끊어집니다. 너도나도 다 똑같습니다. 용어도 비슷하고 심지어 교회 건물 디자인도 비슷합니다. 그러나 교파의 벽을 넘어 교제를 하면 품을 수 있는 용량이 커집니다. 포용력이 생깁니다. 그러니 교회론을 고민하고 자기가 가지고 있는 것들을 강화하는 작업을 해야 합니다.

이때는 책 읽는 것이 도움이 많이 됩니다. 어떤 책을 읽을까 고민할 때 교파에 갇히지 말고 넓게 보십시오. 그러면 우리가 못 보는 영역들이 눈에 띕니다. 어떤 것이든 절대적이지 않기 때문에 계속해서 수정하고 보완하는 작업을 해야 합니다. 특별히 요즘 우리 시대는 문화적으로 급변하기 때문에 그 안에서 영향을 받고 있는 사람들을 어떻게 대할 것인가 계속해서 고민해야 합니다. 기존 교회를 답습하면 제도화되고, 그러면 교회에 생명력이 사라집니다.

결국 교회의 가치는 목사가 갖고 있는 철학이 좌우합니다. 이것은 얼마나 무서운 결과를 가져오는지 모릅니다. '건물인가, 사람인가?', '성장인가, 성숙인가?', '형식인가, 내용인가?', '돈인가, 비전인가?', '목양인가, 성공인가?' 하는 문제들이 결국은 철학의 싸움인 것입니다. 행사를 하면서 이것의 초점을 외적 성공에 둘지 내적 신앙의 질에 둘지도 철학이 결정합니다.

내 목회에 대한 철학이 없으면 항상 피곤합니다. 계속 곁눈질하고 기웃거려야 합니다. 자기 것이 없으니 계속 휘둘리게 되고 불안해집니다. 믿음도 희미해집니다. 어떤 교회는 행사 중심으로 교회를 이끌어 갑니다. 행사가 너무 많습니다. 그런데 그 행사를 왜 하느냐고 물어보면 답을 모릅니다. 스스로 그런 질문 자체를 안 던집니다. 그냥 다른 교회가 하니까, 지금까지 해왔으니까 하는 것입니다. 너무 행사 중심으로 치우치면 투자는 많이 하는데 영적으로 얻는 것은 없고, 나중에는 교인들이 피곤하고 지칩니다. 뭘 해도 식상해져 버립니다. 아무리

해도 사람들의 가슴은 뛰지 않습니다.

집회를 하더라도 집회 자체가 목적이 아니고 그것을 통해 우리가 무엇을 찾아야 하는지, 그 일의 성경적 가치를 부여해 주어야 합니다. 그럴 때 사람들은 기꺼이 참여합니다. 돈을 얼마를 투자했는지는 중요하지 않습니다. 분명한 가치가 있고 사람들의 가슴이 떨만한 감동이 있는 일이면 어떻게든 시간을 내고 기꺼이 헌금을 합니다.

어떤 교회는 광고를 담임목사가 합니다. 너무 잘합니다. 그것은 단지 정보를 알리는 것을 넘어 가치를 전달하고 감동을 주는 것입니다. 귀중한 복음을 값지게 포장해 사람들에게 최고의 선물을 안겨 주는 것입니다. 그런데 어떤 교회는 진짜를 완전히 싸구려처럼 지루하게 팝니다. 아무도 사고 싶어 하지 않게 합니다. 하다못해 이단들도 탁월한 강사들을 데려다가 사람들을 혹하게 만들어 싸구려 가짜를 값진 것이라고 속이는데, 왜 우리는 진짜를 놓고도 싸구려처럼 대합니까?

우리에게는 어떤 것과도 견줄 수 없는 값진 보석이 있습니다. 그런데 이걸 가지고 감동을 주지 못한다면 그건 잘못된 세일즈를 하는 것입니다. 명확한 프레젠테이션이 있어야 합니다. 목회란 목사가 가지고 있는 핵심적 가치를 전염시키는 일입니다. 목사는 하나님께로부터 받은 소명을 어떻게 사람들과 공유할 것인가를 고민해야 합니다. 내 것을 확실하게 붙잡고 믿음으로 꾸준히 한 길을 걸어가면 거기에서 빛을 볼 수 있습니다.

목회 철학이 교회의 분위기를 결정합니다

지금 한국 교회는 영혼이 죽어 가고 있습니다. 은혜의 통로가 없습니다. 교회에서 직분을 받고 오래 일한 사람들을 가만히 보십시오. 입이 쭉 나와 있습니다. 그만 둘 거라는 말을 입에 달고 삽니다. 부교역자들도 연말 되면 사표 낼 궁리만 합니다. 다들 희생자증후군에 빠져 있습니다.

교회는 어쩔 수 없이 사람들을 옭아맵니다. 자원봉사가 아니라 유급 직원을 늘립니다. 제도화로, 직분으로, 시스템으로 일을 하려고 합니다. 그러나 교회에 유급 직원이 늘어나면 자원봉사는 죽어 버립니다.

진짜 복음을 경험하고 말씀에 인생이 꽂히면 시키지 않아도 자원해서 봉사합니다. 설교만 듣고도 감동받으면 순종합니다. 일하는 것 자체가 특권이 아니라 기쁨이 됩니다. 신바람 나서 일하게 됩니다. 목사도 기쁨으로 목회하면 사례금 안 받아도 생명을 바칠 수 있습니다. 사례 때문에 하는 것이 아니어서 그렇습니다. 교인이 몇 명인가는 중요하지 않습니다. 그저 복음 안에서 행복해야 합니다. 은혜가 있으면 기쁨으로 사역할 수 있습니다.

그래서 강단에서부터 은혜가 흘러야 하고, 복음이 흘러야 합니다. 예배에 복음의 능력이 흐르면 반드시 은혜 받은 사람들이 움직이기 시작합니다. 순종하려고 준비합니다. 그래서 복음에 힘이 있습니다. 직분은 오래 가지 않습니다.

그런데 지금 한국 교회에서는 민주주의 방식이 복음을 대신합니다. 민주주의의 논리는 다수의 원리를 적용하는 것입니다. 그러나 다수가 반드시 정의는 아닙니다. 소수를 무시하면 안 됩니다. 교회는 소수의 말에도 귀를 기울일 줄 알아야 합니다. 소수의 반대가 있으면 기다려야 합니다. 그들의 의견을 끌어안고 모두 하나가 될 수 있도록 해야 합니다. 이것이 존중입니다. 그 안에서 화합을 만들어 가야 합니다. 그 가운데 목사가 서 있어야 합니다.

일을 잘한다는 것은 혼자 잘난 체하면서 독불장군처럼 끌고 가는 것이 아닙니다. 관계를 깨면서 할 수 있는 주님의 일은 없습니다. 일은 조금 늦어지더라도 함께함의 원리를 적용할 줄 알아야 합니다. 하나 됨을 만들 줄 아는 사람이 좋은 사역자입니다.

그런데 요즘은 분쟁 한가운데에 목사가 있습니다. 재직회의를 할 때 보면 목사가 안 되는 일을 밀어붙이다가 사고가 납니다. 화해자, 중재자로서 분쟁을 해결하는 것이 아니라, 목사가 갈등을 조장하는 사람, 화해를 깨는 사람이 되고 있습니다. 성경 어디에도 하나님이 기뻐하시는 지도자 중에 이런 사람은 없습니다.

성경에는 하나 됨을 힘써 지키는 것이 하나님의 방법이라고 말합니다. '저들이 하나 되게 해주십시오'하고 기도하며 평화를 이루어 가는 것이 우리가 할 일입니다. 갈등에 빠지고 분쟁을 경험한 교회 중에 회복하고 다시 일어나는 교회를 못 봤습니다. 결국은 분열하고 깨지고 나뉘는 것이 분쟁의 결론입니다.

교회의 분위기는 목사가 갖고 있는 철학으로 만들어집니다. 수영로교회는 철야예배나 특별 새벽기도회에 중고등부 아이들이 자리를 가득 채웁니다. 이것이 주보에 공지하는 것으로 되는 일이겠습니까? 요즘 10대 아이들이 목사가 시킨다고 말을 듣습니까? 이것이 곧 문화가 된 것입니다. 문화는 하루 이틀로 만들어지는 것이 아닙니다. 목사의 가치와 철학과 원리가 내재화되어 있어야 하고, 단에서든 사적인 자리에서든 계속해서 흘러가야 합니다. 그 철학이 전달되고 전염되고 감동되어야 합니다.

목회 철학은 사랑에서 나옵니다

교회에 사건 사고가 일어났을 때 목사가 어떻게 반응하고 설교하는지 교인들은 다 알고 있습니다. 복음과 사랑으로 대하는지, 감정적으로 대하는지 다 보고 있습니다. 이럴 때 목사에게 분명한 교회론과 목회 철학이 있으면 흔들리지 않을 수 있습니다. 인간적으로 맞대응하지 않고 태연하고 평안하게 말씀을 전할 수 있습니다. 그것이 승리하는 것입니다.

이것은 만만치가 않습니다. 목회하고 있는 분량을 훨씬 뛰어넘는 내구력을 갖고 있어야 합니다. 아무리 강펀치를 맞아도 흔들리지 않는 맷집이 있어야 합니다. 큰 강에는 웬만한 오물을 붓는다고 해도 표가 안 나는 것처럼, 목사의 용량은 큰 강이어야 합니다. 미움과 분노, 섭섭한 감정을 처리하는 용량이 필요합니다. 이것은 사랑만이 답입니다. 흔들리지 않는 교회론과 목회 철학은 곧 사랑에서 나와야 합니다.

목사가 사랑을 잃어버리면 다 잃어버리는 것입니다. 그런데 문제는 목회를 하다 보면 사랑을 잃어버립니다. 자꾸 누구 탓을 합니다. 받는 것보다 빠져나가는 것이 더 많아서 그렇습니다. 공급이 없으니 마음이 고갈되고 바닥이 나고 짜증이 나는 것입니다. 작은 일에도 분노가 일어납니다. 설교하는데도 화를 내면서 설교하는 목사가 있습니다. 기도하는데 한이 맺힌 것이 느껴집니다. 이런 것들을 교인들이 다 느낍니다.

제자도도 사랑의 원리에서 생각해 보아야 합니다. 제자훈련은 틀린 것을 잡아내는 것이 아닙니다. 교제가 중요한 것도 아닙니다. 방법의 문제가 아니라 사랑의 문제입니다. 목회는 방법도, 기술도 아니고 사랑입니다. 사랑이 있으면 방법론이 미숙하고 교제가 신통치 않아도 됩니다. 소수에 집중하고 전부를 쏟아부으면 거기에서 변화가 일어납니다. 변화가 일어나면 지원자가 골립니다.

이것은 쉬운 일이 아닙니다. 목회는 한 사람에게 굉장히 많은 것을 지불해야 합니다. 예수님도 열두 명의 제자를 데리고 3년을 훈련시키셨습니다. 세상적 가치로 보면 타산이 안 맞습니다. 세상의 원리와 방식이 아닙니다.

그러나 목회는 길게 보는 것입니다. 예수님이 열두 제자를 선택하신 것도 결국 길게 보신 것입니다. 승천하시면서 "모든 민족으로 제자를 삼아라" 하지 않으셨습니까? 대중을 무시한 것이 아닙니다. 비전을 보시고 소수에 집중하신 것입니다.

당장 끝을 내주는 목회는 없습니다. 꾸준히 하다 보면 그 안에서 하나님이 드러내시는 뭔가가 있습니다. "너희는 이 세대를 본받지 말고 오직 마음을 새롭게 함으로 변화를 받아 하나님의 선하시고 기뻐하시고 온전하신 뜻이 무엇인지 분별하도록 하라"(롬 12:2)는 말씀이, 그 변화를 현장에서 구체적으로 목격해야 합니다. 아무리 기가 막힌 설교를 하면 뭐합니까? 목회 현장에서 확인되지 않으면 그저 추상적인 단어들에 지나지 않습니다. 교회의 가장 큰 위기는 모호성입니다. 이것이 오늘의 우리 교회를 힘 빠지게 합니다. 목회에서 철학과 원리와 가치들이 정리된 나만의 교회론이 무엇인지, 그것이 어떻게 구체화되어서 흘러가고 있는지 한번 점검해 보기 바랍니다. 자기만의 색깔을 가진 목회를 하기 바랍니다.

chapter 9.

외형보다
본질이 중요합니다

우리는 여러 매체를 통해 한국 교회의 위기를 수도 없이 진단했습니다. 한국 교회는 불꽃처럼 솟아오르다 불꽃처럼 사라지고 있습니다. 너무나 빠르게 쇠퇴기를 맞고 있습니다. 변화하고 있는 모습이 무섭기까지 합니다. 사실 이런 현상은 서구 교회들이 가고 있는 길을 예외 없이, 너무나 빠르게 답습하고 있는 것입니다.

한국에서 부교역자로 5년 있다가 호주에서 20년을 지냈습니다. 제가 경험한 호주 교회는 서구 교회의 몰락 현장과 비슷했습니다. 교회에는 젊은이들이 거의 없습니다. 그나마 있던 교회도 'For sale'을 내걸고 팔려 나가고 있습니다. 한때 호주는 기독교가 굉장히 번성했습니다. 입지 조건이 좋은 곳마다 교회가 있었습니다. 그래서 주소를 보면 코너에 교회가 많습니다. 그랬던 호주 교회가 몰락하고 있는 것입니다.

호주 교회는 영국의 영향을 많이 받았습니다. 한때는 영국의 성공회 교인들이 90퍼센트 이상 늘어난 적이 있습니다. 그러나 지금 영국은 완전 비기독교 국가가 되었습니다. 미국 교회도 마찬가지입니다. 괜찮은 몇몇 교회가 있지만 쇠퇴하고 있는 영역들이 눈에 띕니다.

위기라는 말도 오래 들으면 둔감해집니다. "하루 이틀인가", "원래 다 그런 거지" 하기 시작하면 문제를 풀 기회조차 놓쳐 버립니다. 평가나 진단에서 끝내 버리면 안 됩니다. '이제는 진짜 전도 안 된다'는 말은 진단입니다. '진짜 안 되는 것인가?',

'그럼 포기할 것인가?' 하는 고민을 해야 합니다. 그러려면 우리는 먼저 이 위기를 정확하게 바라볼 필요가 있습니다. 문제를 볼 줄 아는 것이 답을 얻는 첫 번째 자세입니다.

지금 교인은 20년 전 그 교인이 아닙니다

이 시대의 탈종교화가 굉장히 빠르게 진행되고 있습니다. 특히 한국 사회는 가파른 경제성장으로 사람들의 가치관의 변화 또한 급격하게 일어났습니다. 개인주의가 심해지고 모든 것을 물질주의 관점으로 바라보기 시작했습니다. 돈의 영향력이 엄청나게 커진 것입니다.

독일에 방문한 적이 있습니다. 통일이 된 지 25년이 지났음에도 동독 사람들의 70퍼센트 정도가 예전의 사회주의 체제를 그리워했습니다. 이것은 충격적인 결과입니다. 그들이 지금 느끼는 사회적 박탈감, 상대적 빈곤은 자본주의가 더 불행하다고 느끼는 것입니다. 자본주의 국가에서는 돈 없이 살 수 없게 되어 있습니다. 돈이 없으면 사람대접을 못 받기 때문입니다. 밥을 먹는 것도, 옷을 입는 것도 돈입니다. 소비주의가 계속 조장되고 사람들의 내면에는 욕구불만으로 가득 차 있습니다. 업그레이드를 해야 한다는 강박관념으로 안달이 나 있습니다. 그러니 돈에 매일 수밖에 없습니다.

이런 자본주의적 가치관이 교회에도 들어왔습니다. 헌금해야 직분도 얻을 수 있습니다. 돈이 있어야 대접받습니다. 그러니 교인들 머릿속에는 말씀보다 돈의 논리가 가득합니다.

그뿐만이 아닙니다. 지금의 모바일 시대는 교회에도 큰 영향을 미치고 있습니다. 이제는 핸드폰을 열면 어느 교회, 어느 목사님의 설교든 취향껏 골라서 들을 수 있습니다. 손 안에 모든 정보가 열려 있습니다. 특정 교회를 다닌다고 해서 그 교회의 교인이 아닙니다. 은혜 받는 목사님은 따로 있습니다. 이것은 엄청난 변화입니다.

교통은 점점 더 빨라지고, 사람들은 끊임없이 이동합니다. 하루 안에 전 세계 곳곳을 둘러볼 수 있습니다. 사람들은 지하철이든 길거리든 어디에서든 인터넷에 접속합니다. 가만히 있지를 않습니다. 생활 패턴이 바뀐 것입니다. 그러니 교회 옮기는 것이 일이겠습니까?

이런 시대에 사람들은 점점 더 외로워집니다. 정착하지 않기 때문입니다. 늘 새로운 곳에서 새로운 사람들을 만나면서 현대인들은 항상 이방인이 됩니다. 철저한 개인주의에 빠져 소외감을 느낍니다. 이 소외감은 스스로가 자처하는 외로움입니다. 우울증에 빠지고 잠깐의 쾌락에 중독되는 것이 사회적인 현상이 될 수밖에 없습니다.

이런 시대 속에서 우리 목회는 이전의 방식으로는 안 됩니다. 교회에 모이는 교인은 옛날 그 교인이 아닙니다. 이제 전통적 모델의 교회에서 우리가 재고해야 할 것들이 있습니다.

건물에 승부를 걸지 마십시오

교회는 건물이 아니라고들 합니다. 그런데 주보 1면은 여전히 교회 건물이 장식합니다. 아직 건물이 없는 교회도 마찬가지입니다. 그런 건물을 짓는 것이 꿈인 것입니다. 이처럼 한국 교회는 그야말로 건물에 울고 웃었습니다. 많은 목사가 자기 교회 건물을 가져야 목회에 성공했다고 생각했습니다. 지금도 건물이 없으면 불안해합니다.

그러나 주후 373년 이전에는 교회에 건물이 없었습니다. 기독교가 공식화되기 전에는 가정에서 예배를 드렸습니다. 누가 건물이 교회라고 했습니까? 이제는 화려한 디자인의 교회 건물에 감동도 안 받습니다. 요즘은 건물 때문에 교회 오는 사람이 없습니다. 외형에 승부를 걸면 안 됩니다. 우리가 세상을 흉내 낼 필요는 없지 않습니까? 교회는 건물이 아니라는 말이 그냥 이론으로 와 닿으면 안 됩니다. 확신이 있어야 합니다.

아이러니하게도 우리는 그동안 건물에 그렇게 목을 맸는데, 정작 그 건물 때문에 어려움을 겪는 경우가 많습니다. 건물을 지을 때까지는 목표가 있어서 괜찮습니다. 모든 교인이 한마음으로 기도하고 건축헌금 합니다. 그런데 건물을 다 짓고 나면 싸웁니다. 건물이 목표였기 때문에 그렇습니다. 건물을 짓는 데 너무 많은 에너지를 쓴 것입니다. 모든 것을 쏟아부은 것입니다.

어떤 교회는 건물 하나 짓겠다고 융자 받고, 심지어 교인들까지 빚을 내게 해서 억지로 교회를 짓습니다. 그러니 그 과정에서 사고가 납니다. 은혜를 받아서 건물을 지을 만한 충분한 내적인 풍성함으로 지으면 되는데, 억지로 하니까 순수한 목회가 안 되는 것입니다. 교인이 돈으로 보이는 것입니다. 사람에게 자꾸 의존하게 되고 패턴이 깨지는 것입니다. 만약에 한국교회가 건물에 쏟았던 에너지를 사람에게 쏟았다면 어떤 일이 일어났을까요? 적어도 지금의 위기와는 다른 모습이었을 것입니다.

사실 교회는 건물을 지어 완공한 순간부터 그곳에 갇히게 되어 있습니다. 건물이 하나의 프레임이 되어서 생각과 가치관을 가둬 버리는 것입니다. 제가 시드니에서 목회할 때 판매하는 교회가 많았기 때문에 교회를 구매할 수도 있었습니다. 비싸지도 않아서 몇 개를 살 수도 있었습니다. 그런데 저는 사지 않았습니다. 교회를 사고 나면 그 건물에 갇힐 것 같았습니다. 교회는 계속 유연성과 융통성이 있어야 한다고 생각했습니다. 하나님이 얼마나 주실지 알지 못하는데 내가 왜 건물 하나를 사서 그 건물에 갇혀야 하나 하는 생각이 들었습니다.

그래서 시드니 사역 초기에 건물을 사거나 짓지 않고 하나님의 이끄심에 의지했습니다. 처음에는 두 가정에서 예배를 드리다가 교인이 점점 늘었습니다. 도저히 예배 드릴 상황이 안 되니 하나님이 길을 열어 주셨습니다. 처음 호주에 갔을 때 하나님이 맺어 주신 친구가 300명 정도 수용 가능한 교회 공간을 빌려주었습니다. 나중에는 그곳도 꽉 차게 되었고, 하나님이 가까운 학교 강당을 빌릴 수 있게 해주셨습니다. 그러다가 사람이 더 모여 강당 하나를 더 빌렸습니다. 나중에는 더 큰 공간이 필요하게 되어서 오피스 건물을 임대해서 예배를 드렸고, 나중에는 현지 교회를 빌려 저녁에 청년들을 위한 집회를 열었습니다. 상황에 따라 창고를 하나 빌리기도 했고, 네 곳의 캠퍼스에서 예배를 드리기도 했습니다. 공간에 매이지 않고 자유롭게 이곳저곳을 누비며 예배 드렸습니다.

목회는 억지로 할 필요가 없습니다. 억지는 인간적 수단과 방법입니다. 가정에서 예배 드려도 사람이 모입니다. 우리는 하나님이 풀어 주실 때까지 기다릴 필요가 있습니다. 나중에는 하나님이 열어 주십니다.

그런데 어떤 사람은 조그마한 건물을 하나 지어 버립니다. 그런 건물은 나중에 팔기도 어렵습니다. 그러니 교인이 늘어 더 넓은 공간이 필요하게 되면 움직이기가 쉽지 않습니다. 그러나 저는 건물 없이 지냈기에 오히려 큰 은혜를 받았습니다. 언제든지 하나님의 역사에 순종할 수 있었습니다.

물론 계속해서 이동하며 예배 드린다는 것은 쉽지 않습니다. 학교 강당은 여름에 두 달 정도 큰 공사를 하는데, 그러면 다른 학교 강당을 임시로 빌려 이동해야 합니다. 큰 트럭 두 대나 되는 예배에 필요한 물건들을 싣고 이동하는 것은 큰 어려움입니다. 게다가 장소를 옮길 때마다 새로 세팅을 해야 합니다.

어떤 때는 장소가 너무나 없어서 매주 예배 장소를 옮겨야 하는 경우도 있습니다. 계약 진행이 매끄럽지 않아 예배 장소가 미리 안 정해지기도 합니다. 이럴 때는 매주 주일성수를 하지 않으면 당장 다음 주 예배 장소를 알 수 없습니다. 교인 입장에서는 굉장히 불편할 수 있습니다. 그런데 이것이 진짜 교회입니다. 놀랍게도 이런 때 등록하는 새신자가 있었습니다.

우리는 교회가 건물이 아니라는 말을 많이 들어 왔습니다. 그런데 이 이야기를 부교역자들에게 하면 잘 이해하지 못합니다. 이론적으로는 무슨 말인지 알겠지만 한국 교회의 분위기상 건물 없는 교회에 어떻게 교인들이 예배 드리러 나오느냐고 합니다. 그런데 하나님은 장소에 구애받지 않으십니다. 전라도 어느 골짜기에 감추어진 음식점도 맛집으로 소문이 나면 사람들은 찾아갑니다.

물론 교회 건물은 필요합니다. 때로는 웅장한 예배당을 가득 채우는 파이프 오르간 소리를 들으면서 은혜를 받습니다. 마틴 루터가 목회를 하던 수백 년된 교회에서는 신성이 느껴집니다. 웨스터민스터 채플을 가 보면 공간에서 나오는 신비로움이 있습니다. 그렇게 교회를 지을 수 있다면 더할 나위 없이 좋을 것입니다.

그런데 그보다 먼저 원론적인 것을 생각해 보자는 말입니다. 멋지고 웅장한 건물도 좋지만, 그보다 중요한 것은 그 건물의 내용입니다. 그릇은 으리으리하고 멋진데 담긴 음식이 설익고 간도 맞지 않는다면 누가 그 음식을 먹고 감동하겠습니까? 비록 그릇은 투박하더라도 그 안에 담긴 음식이 누구도 흉내 낼 수 없는 감동적인 맛이라면 사람들은 행복과 기쁨을 맛볼 것입니다.

그릇에 보석을 담으면 보석 그릇이 되고 물을 담으면 물 그릇이 됩니다. 담긴 내용물이 그 그릇의 용도를 결정하는 것처럼 교회 또한 그렇습니다. 왜 건물을 짓고 나면 싸웁니까? 목사가 그 건물을 가지고 어떻게 목회할 것인가 하는 내용의 결핍 때문입니다. 예를 들면 목사가 이 건물을 가지고 지역 친화적인 교회로서 사역할 것이라는 철학이 있다면 건물을 지을 때 이 부분을 충분히 반영하여 이웃이 편안하게 오고갈 수 있게 지을 것입니다.

그런데 대부분의 교회들은 건물에 철학이 없습니다. 교회 건물이 다 똑같습니다. 내용을 담는 것에 실패한 것입니다. 내용이 없는 형식은 의미가 없습니다. 물론 형식도 필요합니다. 그릇이 없으면 물을 담을 수 없는 것처럼, 형식도 있어야 합니다. 그러나 지금 교회에 필요한 것은 건물이 있느냐 없느냐의 싸움이 아니라 내용이 있느냐 없느냐의 싸움입니다.

건물만 지으면 사람들이 모이는 시대가 아닙니다. 이리저리 빛내 건물 지어서 승부를 낼 수 있는 시대가 아닙니다. 무엇으로 사람들에게 다가가야 하는가, 이 시대에 사람들의 필요는 무엇인가를 고민해야 합니다. 사람에 초점을 두어야 합니다. 사람에게 모든 것을 걸어야 합니다.

숫자가 목표가 되어서는 안 됩니다

건물이나 숫자를 중요시하는 것은 외형을 강조하는 가치관에서 나옵니다. 이런 것들은 결국 허상입니다. 군중은 언제든지 썰물처럼 빠져나갈 수 있습니다. 예수님은 사역하시면서 결코 수의 논리에 빠지지 않으셨습니다. 군중에 매료당하지 않으셨습니다. 열두 제자에게 모든 것을 거셨습니다.

그러나 수의 논리에 빠지면 교인은 관리의 대상이 됩니다. 관리(management)와 목양(pastoral)은 다릅니다. 수를 관리하는 것과 영혼을 돌보는 일은 전혀 다른 것입니다. 통계에 신경을 쓰면 영혼이 보이지 않습니다. 수의 논리에서 빠져나와야 목양을 할 수 있습니다. 수는 정상적인 목회를 할 때에 그저 따라오는 것이지 목표가 되어서는 안 됩니다.

이런 개념은 예수님의 어린 양의 비유에 잘 나타납니다. 아흔아홉 마리 양을 들에 두고 잃어버린 한 마리 양을 찾기 위해 목자는 고군분투한다는 것입니다. 이것은 얼핏 비효율적이고 비생산적인 일 같습니다. 수의 논리로 보면 그렇습니다. 수의 논리는 효율을 강조합니다. 최소 대가 지불을 하고 최고 효과를 보려고 애를 씁니다. 그러면서 결국 오늘 성전을 채운 교인이 몇 명인지를 따집니다. 몇 명을 모아야 성공한 목사인지를 따집니다. 이 성공 논리에 빠져 방법론이 득세하고, 방법론은 수의 논리로 빠집니다. 그러면 예수님이 말씀하신 한 영혼의 가치에 집중하기 어렵습니다.

목회를 하면서 왜 조급증이 옵니까? 왜 교인들이 협조하지 않는다고 화를 냅니까? 왜 설교하는 자리에서 분을 냅니까? 왜 '일 년에 몇 명!' 하는 목표 완성 구호를 외칩니까? 수의 논리에 빠져서 그렇습니다. 그러나 결과는 우리 손에 있지 않고 주님 손에 있습니다.

사람에게 집중하는 것은 영혼에 집중한다는 것입니다. 목사는 몇 사람이 왔는지가 아니라 양의 상태가 어떤지를 들여다봐야 합니다. 다리가 부러지지는 않았는지, 속병이 생기지 않았는지, 말씀이나 설교를 잘 소화하고 있는지를 봐야 합니다. 설교를 할 때도 기승전결을 잘 맞춰 멋들어진 화법을 구사하는 것보다 듣는 교인에게 맞춰야 합니다. 이것은 곧 영혼에게 집중하는 것입니다. 그 영혼이 구원을 경험하고 있는가를 봐야 합니다. 구원의 경험이 없는데 성경공부를 하면 안 됩니다. 교인과 목사가 왜 맞서 싸웁니까? 말씀을 잘못 먹은 것입니다. 못

먹을 것을 먹은 것입니다. 이럴 때는 근본적인 복음의 문제로 다가가야 합니다. 그 영혼의 상태가 어떤지 볼 수 있는 눈이 있어야 합니다.

사람의 영혼에 초점을 맞추지 않는 것은 장사하는 것입니다. 목사가 장사꾼이 되는 것입니다. 그저 인간으로서 내 비즈니스를 하는 것입니다. 먹고살려고 돈 버는 것이나 마찬가지입니다. 그것을 '맹험(맹목적 경험주의)한 종교꾼'이라고 합니다. 비즈니스는 실적, 즉 결과가 중요하지만 목회는 과정이 중요합니다.

목회는 그렇게 화려한 일이 아닙니다. 한 영혼을 돌보는 목양은 지루하고 긴 싸움입니다. 팔레스타인 지역은 목초지가 많이 없습니다. 그곳에서 양을 돌보는 목자는 끝도 없는 들판에서 어렵게 목초지를 찾아내고, 풀을 먹이고, 밤새워 맹수들과 싸워야 합니다. 잠도 못 이루며 항상 긴장 상태에 있습니다. 목양은 가장 별 볼일 없고 어려운 직업입니다.

한국 교회는 병이 많이 들었습니다. 목사님들이 '폼생폼사'에 빠졌습니다. 대접받으려 하고, 유명해지려 하고, 성공하려 하고, 얻어먹으려고 합니다. 그러나 목회는 그런 것이 아닙니다. 굉장히 궂은일입니다. 하나님이 맡기시는 양들은 별별 사람이 다 있습니다. 그 영혼들을 만지고, 변화시켜서 그리스도의 사람으로 만드는 일이 쉽게 되겠습니까?

얼마나 모여야 성공적인 목회라고 하겠습니까? 수가 적다고 괜히 열등감에 빠질 필요 없습니다. 큰 교회에 있다고 상 받는 것도 아닙니다. 진정한 목양을 해야 합니다.

제도화된 틀을 깨십시오

한국 교회의 가장 큰 어려움은 조직이 제도화되어 가고 있다는 것입니다. 이것은 마치 예수님 시대의 종교지도자들, 바리새인, 사두개인의 모습과 같습니다. 이 제도화된 종교 그룹에는 생명력이 없습니다. 제도화란 말은 그릇 자체가 굳어 있는 것입니다. 마치 컵과 같습니다. 컵 이상의 물을 담을 수 없습니다. 낡은 부대입니다. 더 담으면 터져 버립니다. 교회가 제도화되면 그 교회는 더 이상의 역사가 일어나지 않습니다.

그러나 새 부대는 신축성이 있습니다. 융통성이 있습니다. 어떤 것이든 다 담을 수 있습니다. 경직되지 않았습니다. 언제든지 새로운 것을 받아들일 준비가 되어 있습니다. 이것이 살아 있는 것입니다. 그러나 제도화되면 새로운 것에 대한 기대도 없고 시도도 할 수 없습니다. 오히려 새로운 것을 시도하는 사람을 공격합니다.

예수님이 십자가에서 죽으신 것은 곧 제도의 힘에 의해서입니다. 이 제도화는 무서운 것입니다. 사도행전의 성령 강림 사건은 무엇입니까? 제도화된 틀을 깨뜨리는 사건이었습니다. 이 사건으로 복음이 터져 나왔습니다.

어느 조직이든 오래되면 제도화됩니다. 그리고 제도화된 조직에서는 기득권이 생겨납니다. 힘의 논리가 작동하는 것입니다. 세속적 힘이 일하게 되고, '파워게임', 즉 주도권 싸움이 첨예하게 일어납니다. 그렇게 되면 서열이 생겨나고 힘을 가진 사람이 독주하게 됩니다. 힘을 가진 사람은 전통의 힘을 갖게 됩니다.

제도화는 전통이 중요합니다. 그동안 해왔던 것들이 중요한 것입니다. 목사가 새롭게 부임되어서 가면 가장 크게 부딪히는 것이 바로 그 교회의 전통입니다. 이것은 제도화되고 경직되어서 누구도 움직일 수 없습니다. 이걸 바꾸려면 청춘을 다 보내야 합니다. 그래도 못 바꿉니다. 새로운 무엇인가를 할 수가 없습니다. 기득권을 가지고 있는 사람들은 변화를 싫어합니다. 예전의 방법을 그대로 가져가려 합니다. 변화하면 기득권이 죽기 때문에 그렇습니다. 특히 한국은 유교적 문화, 군대 문화, 가부장적 문화 같은 것들이 거대하게 자리잡고 있어서 제도화가 빠르게, 심하게 나타납니다.

한국 교회를 보십시오. 한때는 찬란하게 영광을 누렸던 교회들이 사라지고 있습니다. 역사 속에 제도화되어서 전통을 강조해 왔기 때문입니다. 비단 오래된 교회에서만 나타나는 문제가 아닙니다. 교회를 개척할 때도 이 제도화의 틀을 갖고 개척합니다. 그러나 언제 개척되었든 기득권이 주를 이루고 어떤 변화도 용납하지 않는 구조가 형성되었다면 그 교회는 이미 경직되어 죽어 버린 것입니다.

우리는 교회가 경직되지 않도록 끊임없이 노력해야 합니다. 그러려면 먼저 자신의 기득권을 내려놓는 작업을 해야 합니다. 기득권의 핵심에는 누가 있습니까? 어떤 교회는 목사님이, 또 어떤 교회에는 전통을 고수하는 장로님들이 있습니다. 그런 교회들을 가만히 보면 다 죽어 가고 있습니다. 교회에서는 기득권이 생겨나지 않도록 해야 합니다. 교회 전체가 변해야 합니다. 그렇지 않으면 아무도 변화시킬 수 없습니다. 교회가 커지면 목사에게 특권이 많이 생겨납니다. 목사는 자신의 특권을 최소화하는 작업을 해야 합니다. 이 힘을 다 쓰면 안 됩니다. 사람은 힘이 없어서가 아니라 힘이 있어서 죽습니다. 인간은 스스로 힘을 컨트롤할 능력이 없습니다.

가장 먼저 변화해야 할 것이 바로 직분 중심의 교회입니다. 직분은 감투가 아닙니다. 헌신을 불러오는 동기부여는 될 수 있지만, 직분 받았을 때의 신선함과 헌신에 대한 의욕은 오래 가지 못합니다. 세상도 이제는 직분을 간소화합니다. 예전에는 회사마다 과장, 부장, 상무, 부사장 하는 거창한 직위들이 많았지만 이제는 팀장과 팀원으로 간소화합니다. 팀장과 팀원으로서 맡은 프로젝트를 잘 마무리하면 되는 것입니다. 타이틀이 중요한 것이 아닙니다. 그 사람이 어떤 역할을 맡았는지가 중요합니다.

목사라고 폼 잡고 있는 시대는 지났습니다. 하나님의 말씀을 전하는 단에 서서 거만함을 보여서는 안 됩니다. 교인들은 바쁩니다. 무슨 말을 하려고 하는지 핵심만 전달하면 됩니다. 뭘 하라는 것인지 직접 보여 주면 됩니다. 목사와 교인의 차이는 역할이지 신분이 아닙니다. 이것을 깨달아야 합니다. 여전히 교회에서 성별 따지고 서열 따지고 있다면 이미 그 교회는 죽어 가고 있는 것입니다. 여전히 직분이 중요하고 서열이 중요하고 목사는 대접받아야 한다는 개념으로 꽉 차 있으면 앞으로 사역하기 굉장히 어려울 것입니다.

물론 아직까지는 교단의 방침이나 한국 교회의 전통이 있기 때문에 직분을 무시할 수는 없습니다. 그러나 헌신을 요구하는 도구로 직분을 사용하면 안 됩니다. 그러면 기능 없는 직분자들만 양산하는 꼴이 됩니다. 그것은 교회가 전통화되는 길입니다. 껍데기는 크지만 엔진이 작은 자동차처럼 구조적으로 어려움이 생깁니다. 유효하지 않은 기능들을 살려서 직분자들만 늘리면 된다고 생각하는 것은 착각입니다.

물론 목회를 하다 보면 사람에 욕심이 날 때가 있습니다. 그래도 중심을 지켜야 합니다. 세상에서 아무리 날고 기는 사람이 오더라도 처음 하나님 앞에서 해야 할 일은 힘과 허영심을 쫘악 빼고 말씀으로 훈련하는 것입니다. 그런데도 목사가 혹시나 그 대단한 사람이 우리 교회를 떠날까 봐 어려운 것 안 시키려 하고 달콤한 사탕만 쥐어 주려 하다가는 그 사람 때문에 교회가 산으로 갑니다. 세상 기업들도 사람 한 명 뽑는 데 얼마나 신중한 줄 압니까? 잘못 뽑은 사람 한 명 때문에 회사가 문 닫는 일도 생기기 때문에 그렇습니다.

사람은 욕심 부린다고 오지 않습니다. 이제는 직분자 뽑는 일에 신중해야 합니다. 우리는 내용이 없는 싸움을 해서는 안 됩니다. 기능적 사역들을 만들고, 그 사역을 가능하도록 힘을 만들고, 구조를 재편할 필요가 있습니다.

chapter 10.

교회를 어떤 관점으로 바라봅니까

지구가 우리 생각과 다르게 변화하고 있습니다. 이상기후가 생기고 해수면이 상승합니다. 생태계가 변하면서 동식물이 멸종합니다. 무엇인가를 심으면 자라야 하는데 그렇지 못합니다.

그런데 이런 생태학적 변화가 교회에도 일어나고 있습니다. 노력하지 않는 목사가 어디 있습니까? 다 힘겹게 목회를 이어 갑니다. 그런데 개척이 되지 않습니다. 100을 심는데 1도 거두기가 어렵습니다. 파도가 치지 않습니다.

과거에 교회는 재미있었습니다. 주일 성경학교를 하든, 집회나 부흥회를 하든, 특별새벽기도회, 다니엘기도회, 어떤 프로그램을 하든 여기저기에 현수막이 걸리고 바람이 불고 파도가 쳤습니다. 교회끼리 연합집회도 심심치 않게 열렸습니다. 그런데 지금은 이 모든 것들이 죽어 버렸습니다. 마치 썰물처럼 빠져나가 버렸습니다. 교인들 안에 열정이 없습니다. 희생이라는 단어를 찾아볼 수 없습니다. 익명성의 그리스도인이 늘어 가고 있습니다. 겉으로 보기에는 멀쩡해 보여도 깊이 들여다보면 영적 무기력증과 권태에 빠져 기도의 바람은 어디에서도 불지 않습니다. 천 명, 이천 명씩 모이는 교회도 내적 골다공증에 빠져 있습니다.

이것이 우리의 현실입니다. 예전에는 신학대학원에 다니면서도 교회를 개척했습니다. 그러나 이제는 30대 나이에 앞뒤 재지 않고 개척하는 투사적 기질도 없어졌습니다. 목회 관련

세미나마다 자리가 꽉꽉 찼는데, 이제는 그 인기도 시들합니다. 해봐야 안 되니까 아예 아무것도 안 하려는 영적 게으름으로 가득합니다. 교회가 이렇게 많은데도 부교역자들이 담임목사로 갈 길이 열리지 않습니다. 거대한 벽 앞에 선 기분입니다. 목사들 사이에서는 사고만 치지 않고 기본만 유지해도 잘하는 목회라는 말들이 오고 갑니다. 위험한 살얼음판을 걷고 있는 것 같습니다. '이제는 뭘 해도 안 돼' 하는 패배주의가 팽배합니다.

최현식 목사는 《2020-2040 한국 교회 미래 지도 2》에서 '10년 안에 한국 교회가 반 토막 난다'는 말을 했습니다. 먼 미래 이야기가 아닙니다. 그는 또 앞으로의 10년이 한국 교회의 골든타임이라고 말합니다. 10년 안에 이 위기를 어떻게 대처하는지에 따라 생사가 달려 있다는 것입니다. 한국 교회가 아주 중요한 지점에 와 있습니다.

작은 교회가 죽으면 큰 교회도 죽습니다

교회의 위기와 환경의 위기는 매우 비슷합니다. 지구의 위기가 어디서부터 비롯되었습니까? 생명에 대한 배려가 전혀 없이 오로지 성장만 강조해 온 데에 있습니다. 경제성장 위주의 과도한 투자로 너무 많은 에너지를 사용했고, 그 결과 공해와 생태계의 파괴, 지구의 위기는 인간이 어찌할 수 없는 지경에까지 왔습니다. 이것이 과학의 발달이 가져다 준 결과입니다.

생명에 대한 경외심의 부재는 점점 심각해져서 이제는 사람에게까지 옮겨왔습니다. 산업개발과 경제성장 속도만 강조해 오면서 한 인간의 가치, 인간의 존귀함을 전혀 생각하지 않은 것입니다. 옆 사람이 죽어도 내 안위만 보장되면 괜찮습니다. 내 아이가 친구를 괴롭혀 자살에 이르게 해도 그건 내 탓이 아닙니다. 사람이 하나 죽어도 큰 관심이 없습니다.

호주는 가벼운 폭력 사고도 큰 이슈가 됩니다. 사람이 사고 때문에 죽는 경우가 거의 없기 때문입니다. 그리고 환경을 파괴하지 않습니다. 비싸게 수입해서 먹더라도 공장을 만들지 않습니다. 환경을 지킵니다. 그 노력이 어디로 갑니까? 다시 사람에게로 돌아옵니다.

그동안 한국 교회에는 큰 부흥을 일으킨 목사님이 여럿 있었습니다. 그들은 건강한 목회를 하면서 많은 생명을 살렸습니다. 많은 선한 영향력이 있지만 그럼에도 그림자가 있는 것은 현실입니다.

의도했든 하지 않았든, 한국 교회는 건물 중심의 성장주의에 빠졌습니다. 내적인 것보다는 외적인 것을 추구했습니다. 교회를 평가하는 잣대가 크기가 되어 버렸습니다. 어떻게 하면 교회를 빨리, 크게 성장시킬 것인가를 고민했습니다. 한국의 경제성장 논리와 같습니다. 그 안에 생명의 가치는 뒷전이 됐습니다. 이 길은 우리가 가야 할 길이 아닙니다. 이 교회론이 근본적으로 바뀌지 않으면 변화할 수 없습니다.

한 사람의 생명을 귀하게 여기는 것은 정말 중요합니다. 그 한 사람의 생명은 하나가 아니라 서로 연결되어 있기 때문에 그렇습니다. 생태계를 보십시오. 지렁이가 멸종하면 지렁이 하나만 사라지는 것이 아니라 그 지렁이를 잡아먹고 사는 동물들도 살 수 없고, 그러다 보면 도미노처럼 생태계가 무너집니다. 그 영향은 마침내 사람에게까지 오게 됩니다.

교회도 마찬가지입니다. 대형교회 하나만 쑥쑥 성장한다고 해서 그 교회가 건전하게 살아남을 수 있을까요? 아닙니다. 그렇다면 대형교회가 쑥쑥 성장한 것은 과연 그 교회가 잘나서 그렇게 된 걸까요? 그것 또한 아닙니다. 저는 대형교회 목사로서 이 부분에 대한 고민이 큽니다. 지역 교회가 살아 있으면 그 사람들이 큰 도시로 옮기더라도 도시 교회에 다시 모일 수 있습니다. 그렇게 모이다 보면 도시 교회가 커지는 것입니다. 도시의 대형교회가 특별해서 커진 것이 아닐 수도 있습니다. 반대로 지역 교회가 죽으면 그 교회 하나만 죽는 것으로 끝나지 않습니다. 지역 교회가 죽으면 큰 교회도 죽습니다. 샛강이 마르면 동강이 마르는 것입니다.

요즘 대형 교회들도 교인이 줄고 있습니다. 수적 성장이 멈추고 재정은 모자라 상향조정되는 일이 없습니다. 성장주의의 패혜입니다. 지역 교회가 죽어갑니다. 어떤 교회도 독립되어 있는 경우는 없습니다. 작은 교회든 큰 교회든 연결되어 있습니다. 반대로 큰 교회가 죽으면 작은 교회도 죽습니다.

지금 교회가 어떻습니까? 교회 안에서 일어난 분란과 다툼으로 법정까지 가서 잘잘못을 따집니다. 이런 일이 우리 교회에서는 일어나지 않을 거라는 보장이 있습니까? 어떤 교회가 분란이 일어나서 무너지고 깨졌다면 그것은 그 교회만의 문제가 아닙니다. 그 문제는 다른 곳에서도 일어납니다. 생명은 모두 연결되어 있어서 그렇습니다. 옆집 불구경하듯이 손가락질

하고 비난할 일이 아니라는 말입니다. 이것은 우리 모두의 문제입니다. 나와 상관없는 일들이 아닙니다. 주변 교회의 일들은 바로 우리 공동체의 문제입니다.

교회관이 목회를 결정합니다

문제는 교회를 어느 관점에서 바라보느냐 입니다. '과연 교회를 생명으로 바라보고 있는가?', '생명을 어떻게 바라보는가?', '생명을 대하는 태도는 어떠한가?'가 목회를 결정하는 것입니다. 중요한 것은 외적인 것이 아니라 사람이고, 건물이 아니라 진리가 있느냐 입니다. 참된 진리가 담긴 생수의 강이 흐르면 어디서든 마셔도 됩니다.

교회 몸집이 너무 커지면 감각도 무뎌집니다. 천 명이 와도 가슴이 떨리지 않는다면 굉장히 위험한 것입니다. 교인은 목적을 달성하는 도구가 아닙니다. 교인을 숫자로만 따지는 순간 율법주의 목회가 됩니다. 목회를 하는 본심이 무엇인지 생각해 봐야 합니다. 하나님의 영광을 위해 목회하고 있는지 점검해 봐야 합니다.

지금은 기업들도 이윤보다는 생명을 최고의 가치로 두고 있습니다. 소비자들을 어떻게 행복하게 해줄 것인가를 생각하고 삶의 질을 어떻게 높여 줄 것인가를 고민합니다. 기업이 환경에도 관심을 갖기 시작했습니다. 관계를 중요시하고 있습니다.

하물며 교회가 생명을 허투루 생각할 수 있습니까? 생태계의 특징은 끊임없이 변한다는 것입니다. 교회 생태 환경도 마찬가지입니다. 시대 속에 계속해서 변화가 일어나고 있습니다. 사람들은 주말이면 여행 경비로 돈을 쓰지 교회에 헌금하지 않습니다. 문화가 변하고 심리가 변하고 삶이 변했습니다. 생활 패턴, 가치관, 일상, 신앙 형태까지 모든 것이 바뀌었습니다. 그 속도가 너무나 빠릅니다. 변화를 감지했을 때는 또 다른 변화가 시작됩니다. 그래서 대부분의 사람들은 변하는 것조차 감지하지 못합니다. 자전거를 타면 느리고 빠른 것이 느껴지지만 비행기를 타면 속도를 느끼지 못하는 것과 같습니다.

그러니 목사들은 정신이 없습니다. 시대의 변화에 반응하지 못합니다. 옛날 교회가 부흥하던 시절만 생각하면서 똑같이 목회를 합니다. 그러나 급변하는 시대 속에서 우리의 목회는 이전 방식으로는 안 됩니다. 이제는 건축만 하면 다 되는 시대가 아닙니다. 선배 목사님들은 '심방 열심히 해라' 하고 조언하지만, 지금 시대를 사는 사람들은 심방을 원하지 않습니다. 옛날 방식대로 하다가 문전박대를 당할 수 있습니다. 선배 목사님들의 조언도 좋지만, 우리는 전혀 다른 방식으로 접근해야 합니다. 그냥 열심히 하면 그냥 열심히 망합니다. 교인은 숫자가 아니라 생명이기 때문에 그렇습니다. 교회가 생명이기 때문에 그렇습니다.

그래서 우리는 생명에 대한 이해가 필요합니다. 이 변화하는 시대에 나 혼자만 독식하는 교회가 아니라 함께 사는 하나님의 교회를 어떻게 건강하게 세워 갈 것인지에 대한 고민이 필요합니다. 어떤 변화가 일어나는지 유심히 들여다봐야 합니다. 시대 변화를 보지 못하면 어제의 방법으로 오늘을 삽니다. 그런데 이제는 어제의 방법이 통하지 않는 시대입니다. 교회 개척을 하는데 왜 다 똑같습니까? 교인들로서는 지겹습니다. 왜 그 교회에 가야하는지도 모릅니다. 다를 것이 없습니다. 설교도 천편일률적입니다. 그저 눈앞에 유행을 좇아서 그렇습니다. 방법론에 빠져서 그렇습니다. 성장주의의 폐해는 방법론에 빠지는 것입니다. 우리는 시대적 흐름의 변화를 읽어야 합니다.

변화에 대한 촉이 있습니까?

변화를 읽는다는 것은 쉽지 않습니다. 많은 사람들이 워렌 버핏(Warren Buffett)과 식사하는 기회를 얻기 위해 한화로 50억 원 이상을 투자한다고 합니다. 왜 그렇습니까? 그만큼 변화를 읽는 것은 쉽지 않기 때문입니다. 저 역시 호주에서 목회했을 때 존경받는 목사님들을 만나 교제하다 보면 얻는 것이 많았습니다. 변화를 읽을 수 있었습니다. 어제의 방법은 안 된다는 것, 방법은 변한다는 것을 깨달았습니다.

지금 기독교의 시대적 흐름은 어떻게 변하고 있을까요? 반기독교적 문화에서 비기독교적 문화로 넘어가고 있습니다. 반기독교는 기독교에 관심이 남아 있지만 비기독교는 관심조차 없습니다. 지금은 크리스마스조차 위기를 맞이하고 있습니다. 미국에서는 '메리 크리스마스'(Merry Christmas)라는 말을 가급적 사용하지 말자고 하는 여론이 있다고 합니다. 종교적 색채가 드러나는 것이 싫은 것입니다. 대신 '해피 홀리데이'(Happy Holiday)라고 인사합니다. 이것이 미국만의 문제일까요? 우리나라에서는 일어나지 않을까요? 동성애를 지지하는 현상은 미국을 넘어 이제 한국에서도 대세가 되어 버렸습니다. 외국에서나 있을 줄 알았던 게이 축제가 한국에서도 보란 듯이 열립니다.

교회 주변의 환경 변화와 사람들의 변화, 심리 변화, 가정의 변화, 인식의 변화, 문화의 변화를 살피십시오. 변화를 모르면 내가 지금 어디에 서 있는지도 모릅니다. 뭘 해야 하는지도 모릅니다. 스타벅스의 하워드 슐츠(Howard Schultz)는 돈을 벌기 위함이 아니라 사람에게 행복을 주고 싶다고 말합니다. 그는 《온워드》에서 사람이 얼마나 중요한지를 말합니다. 커피를 말하지 않습니다. 본질을 말합니다. 그런 철학 하나 없이 너도 나도 카페를 여니 망하는 것입니다. 스타벅스는 지역 선정조차도 그냥 하지 않습니다. 직원 교육, 매장에 트는 음악 하나도 그냥 고르는 것이 아닙니다. 거대한 시스템 안에서 철학을 가지고 움직입니다.

세상에 거저 되는 것은 없습니다. 과연 정말 사람들이 심방을 원하지 않을까요? 아닙니다. 그들의 문제를 진심으로 들어주고 함께 길을 찾기 위해 고민해 줄 사람이라면 언제든 환영입니다. 그런데 10년 전 하던 대로 뻔한 심방을 하니까 아무도 환영하지 않는 것입니다. 이 시대를 살아가는 사람들은 사생활 침해 받으면서까지 그런 심방을 하고 싶어 하지 않습니다. 이제는 교인 한 사람을 만나더라도 그냥 만나면 안 됩니다. 어마어마한 한 시간을 내어 준 그에게 가치 있는 대가를 지불해야 합니다. 퀄리티를 높여야 합니다. 그의 깊은 고민에 카운셀러적 접근이 필요합니다. 그 한 시간을 인생의 가장 의미 있는 시간으로 만들어 주어야하는 것입니다.

우리는 영혼의 치료사입니다. 우리는 한 영혼의 깊은 고민과, 그의 최근 상황이 어떠한지, 그 너머의 생각을 읽고 알아내는 촉이 있어야 합니다. 부모도 자녀 방에 함부로 들어갈 수 없는, 철저하게 사생활을 보호받는 이 시대에, 한 가정의 문을 열고 들어가서 그들과 만나 교제하고 나누는 심방은 현대 사회 속에서 고도의 전략이 필요합니다. 무턱대고 개인의 삶을 방해하며 일방적으로 들어가는 것은 실족하는 길입니다. 무조건 초인종부터 누르면서 일방적으로 찾아가는 것은 무례한 행동입니다. 배려가 없는 것입니다. 이 시대 사람들은 타인의 접근에 예민합니다. 그들의 변화를 읽고 고려해야 합니다.

물론 관점을 바꾸는 작업은 쉽지 않습니다. 교회 건물을 지어 놨고, 은행 빚 이자 날짜는 다달이 다가오고, 당장 월세가 없어 상가건물에서 나가야 하는 상황에서 수의 논리에 빠지지 않고 본질을 붙잡는다는 것은 어렵습니다. 그러나 예수님은 단 열두 명을 데리고 목회하셨습니다. 한 영혼에 집중하셨습니다. 한 영혼이 천하보다 귀하다는 말씀이 가슴에 얼마나 박혀 있습니까? 한 영혼에 진리의 씨앗이 심겨질 때 변화되는 역사는 상상할 수 없습니다. "그 작은 자가 천 명을 이루겠고 그 약한 자가 강국을 이룰 것이라"(사 60:22)는 말씀처럼 말입니다.

생명은 놀랍습니다. 콩 하나가 심겨져서 어마어마한 열매를 거두게 되는 것과 같습니다. 생명에 진리의 씨앗이 심겨지면 생명을 낳게 됩니다. 무지했던 우리가 진리를 알게 되면 생명이 또 다른 생명을 낳게 됩니다.

Part 4.

영혼을 만지다

어떻게 설교할 것인가

chapter 11.

영혼과 시대를
읽으십시오

교인들의 설교에 대한 기대가 점점 사라지고 있습니다. 설교의 기능이 최소화되고 설교 시간은 점점 짧아집니다. 교인들에게 어느 날 설교가 가장 좋았는지 물어보면 '짧았던 날'이라고 답한다고 합니다. 그래서인지 이제 주일에 강단에 서면 예전과 같은 말씀을 받고자 하는 열기가 없습니다. 먹구름으로 가득하고 아주 무거운 침묵이 흐릅니다. 이런 반응은 갈수록 더 심각해져만 갑니다.

그럼에도 목사에게 있어서 설교의 자리는 최고의 영광이요, 정체성이라 할 수 있습니다. 시대적 상황이나 교인들의 반응과는 상관없습니다. 설령 다른 것 다 못하더라도 일주일에 30~40분 단에 서서 교인들에게 하나님의 말씀을 선포할 수 있다면 목사로서 모든 사역을 다한 것이나 다름없습니다. 즉 설교는 하늘로부터 받은 소명이고 하나님의 부르심이라는 관점에서 결코 포기할 수 없는, 우리에게 우선적으로 주어진 사역이라고 볼 수 있을 것입니다.

문제는 일주일에 30~40분씩, 1년 열두 달, 10년을 설교하고 20년을 설교했는데도 교인들에게 변화가 일어나지 않는다는 것입니다. 이것은 심각한 일입니다. 우리가 가지고 있는 무기는 말씀이요, 진리입니다. 말씀을 녹여서 선포할 때 그 과정에서 교인들과의 공감과 만남이 이루어져야 합니다.

우리는 이제 설교를 놓고 방법론으로 싸워서는 안 됩니다. 무조건 좋은 내용만 가지고도 좋은 설교를 하기 어렵습니다.

어떤 설교를 하느냐에 앞서 우리는 '설교의 대상'을 생각해볼 필요가 있습니다. 즉 누구에게 설교해야 하는가 입니다. 그러기 위해 우리는 인간을 이해해야 합니다. 시대와 그 시대를 살아가는 교인들을 이해해야 합니다. 우리의 설교 안에는 가장 먼저 이것이 들어있어야 합니다.

인간을 이해해야 합니다

설교를 듣는 대상을 이해하려면 가장 먼저 본질적인 문제를 살펴봐야 합니다. 다음은 설교 때 끊임없이 다루어야 할 주제들입니다.

첫째, 죄의 문제입니다. 이것은 창세기부터 요한계시록에 이르기까지 성경 전반에 걸쳐 구원의 문제와 함께 계속해서 따라다니는 아주 굵직한 문제입니다. 죄가 무엇입니까? 인간의 실패입니다(창 3~11장). 인간의 실패는 결국 하나님에 대한 저항이고, 그 속성은 자아중심입니다. 즉 하나님으로부터 독립하려는 이기심입니다.

누가복음 15장에 등장하는 탕자의 이야기가 여기에 속합니다. 아버지의 재산을 받아 집을 나가려는 아들의 심리 한 가운데에는 죄가 있습니다. 그 죄는 아들을 실패의 길로 이끌었고, 그 결과 아들은 죄책감과 수치심을 느낍니다. 이것은 모든 인간이 죄를 짓고 나서 보이는 본질적인 감정입니다. 이 감정에 대해 우리는 어떤 반응을 보입니까? 바로 방어입니다. 다양한 방어기제가 나타나고, 그 모든 행위가 죄와 연결됩니다.

인간은 이렇게 끊임없이 자신을 방어하면서 죄를 숨깁니

다. 이때 설교자의 역할이 무엇입니까? 철저하게 죄를 드러내는 일입니다. 죄를 들여다보게 하는 것입니다. 죄의 본질 안으로 들어가게 하는 것입니다. 이것은 곧 죄의 폭로입니다. 우리가 얼마나 심각한 죄인인가에 초점을 맞추고 인정하게 해야 합니다. 즉 설교는 죄를 고발하는 기술인 것입니다. 이것이 제대로 들어있지 않으면 복음은 선포될 수 없습니다.

우리가 죄를 들여다볼 때 복음은 빛이 납니다. 복음 앞에 무릎을 꿇습니다. 죄가 얼마나 하나님의 진노 아래에 있는지를 우리가 인정할 때 십자가의 은혜가 뜨겁게 다가오는 것입니다. 이것이 설교에 있어서 굉장히 중요한, 핵심적인 주제입니다.

사실 죄를 다루지 않으면 십자가는 필요 없는 것이고 복음적 설교는 쓸모가 없어집니다. 우리 죄는 마치 암덩어리 같아서 모든 세포, 뼛속까지 침투해 들어가 있다는 사실을 알아야 합니다. 완전히 죽기 직전의 상태이며 그런데도 살아서 숨 쉬고 있는 것 자체가 놀라운 은혜요, 복음의 능력임을 깨달아야 합니다.

이것은 목회선상에서도 마찬가지입니다. 우리는 외적으로 열심히 봉사하고 섬기면서 화려한 예배, 성공적인 프로그램을 매주 해내지만, 그 안으로 들어가 보면 해결되지 못한 죄의 문제가 산적합니다. 오히려 봉사하고 헌금하는 종교적 행위가 내 죄를 미화하기 위한 방어로서 작용하고 있을 수 있다는 것입니다. 이런 문제들을 건드려서 십자가 앞에 무릎 꿇게 만들어야 하는 역할이 바로 설교입니다.

하나님은 인간 실패 후에 곧바로 하나님의 구원을 이야기하십니다(창 12장). 죄의 폭로는 결국 그 죄로부터 자유를 얻는, 죄로부터의 구원으로 연결됩니다. 그것이 바로 예수 그리스도가 이 땅에 오신 목적입니다. 결국 우리는 설교자로서 이 죄의 문제와 구원이라는 주제를 놓치지 말아야 합니다.

둘째, 욕망의 문제입니다. 이것은 죄의 문제를 다르게 표현한 것이기도 합니다. 욕망은 이 땅을 살아가는 사람들이 하나님 앞에서 반드시 다루고 넘어가야 할 문제 중 하나입니다. 우리의 설교를 넘어 성령님이 말씀하시고자 하는 주제이기 때문입니다.

이 욕망에 대한 이야기는 성경 곳곳에서 등장합니다. 먼저 에덴동산에서 하와가 선악과나무를 보며 "먹음직도 하고 보암직도 하고 지혜롭게 할 만큼 탐스럽기도 한 나무"(창 3:6)라고 한 것이 곧 인간의 욕망을 나타낸 대표적인 사건입니다. 이 밖에도 예수님의 세 가지 시험을 통해 사탄이 인간의 욕망을 어떻게 이용하려고 하는지, 그리고 예수님은 그 욕망을 어떻게 이기셨는지를 알 수 있습니다. 이 욕망의 문제는 다시 요한일서를 통해 다뤄집니다.

> 이는 세상에 있는 모든 것이 육신의 정욕과 안목의 정욕과 이생의 자랑이니 다 아버지께로부터 온 것이 아니요 세상으로부터 온 것이라 요일 2:16

이 말씀들은 모두 인간의 욕망에 대한 이야기입니다. 인간의 욕망은 숨겨져 있습니다. 사라지지도 않습니다. 인간이 죽는 순간까지 끊임없이 시달리는 주제가 바로 욕망의 문제입니다. 특별히 오늘날의 자본주의, 상업주의 시대에서는 더합니다. 다양한 채널을 통해 인간의 욕망을 끊임없이 부추깁니다.

백화점에 가 보면 어떻습니까? 곳곳에 내건 광고 문구와 판매 직원들의 목소리는 인간의 욕망을 계속해서 자극하고 부추깁니다. 마치 거대한 신전과 같습니다. 높은 아파트들이 즐비한 신도시에 가 보십시오. 많은 사람들이 이 아파트들을 보면서 절망합니다. 사실 막상 들어가 보면 너도나도 똑같은 구조 속에서 층간소음에 시달리며 살아가는데도 사람들은 그 높은 아파트를 보며 욕망에 사로잡힙니다.

우리가 사랑이라고 말하는 고백도 그 안을 들여다보면 중심에는 욕망이 자리잡고 있습니다. 결국 우리 삶에 욕망이 닿지 않는 영역이 없습니다. 교인들은 물론 목회자 자신도 이 욕망과 싸워야 합니다. 목사도 교회를 성장시키는 것에 있어서 이 욕망의 영역을 잘 점검해야 합니다. 그것이 나의 욕망인지, 하나님의 뜻인지 분별하며 매일 싸워야 합니다. 그리고 예수님은 세 가지 시험을 통해 욕망을 어떻게 이기셨는지 봐야 합니다. 이런 부분은 설교에 매우 중요한 테마이자 요소입니다. 이것을 피해갈 수 없습니다. 욕망을 다루지 않고 우리가 다른 것들을 이야기하면 결국은 교인들 내면 깊이 흐르는 것을 느끼지 못하고 지나갈 가능성이 큽니다.

셋째, 절망의 문제입니다. 우리는 항상 무엇인가에 절망합니다. 배우자의 실직, 이혼 통보, 자녀들의 반항, 가출, 질병 등의 문제는 우리를 절망하게 합니다. 요즘은 서너 명 중 한 사람이 암이라고 합니다. 시한부를 통보받는다는 것은 상상할 수 없는 절망감입니다. 내일의 희망을 빼앗기는 것입니다.

자크 엘룰(Jacques Ellul)이 한 유명한 말이 있습니다. "희망인가, 소망인가? 과연 희망이 있는가?" 우리는 항상 절망 속에서 이 질문을 합니다. 그러나 세상만 놓고 보면 희망은 없습니다. 우리가 희망하는 것이 과연 진실된 것인지조차 분별할 수 없습니다. 과연 내가 가진 희망이 진짜 희망입니까? 그렇지 않을 수 있습니다. 이 세상을 보며 희망하는 것은 이루어질 수 없습니다. 그 희망은 거짓된 것입니다. 목사는 이것을 일깨워야 합니다.

그런데 우리는 교인들을 절망시키지 않기 위해 잘못된 희망과 위안을 주는 설교를 할 때가 많습니다. 절망 가운데 있는 사람들을 너무 쉽게 위로하고 다독거립니다. 다시 일어나라고, 다시 도전하라고, 그러면 성공할 거라고 거짓된 희망을 심습니다. 다른 말로 희망고문을 하는 것입니다. 잠깐 진통제를 놔 주는 설교를 합니다. 그러나 진통제의 약발이 떨어지면 우리는 다시 절망의 나락으로 빠져들고 맙니다.

그러나 우리는 설교를 통해 깊은 절망을 느껴야 합니다. 그래야 우리가 왜 절망했는지를 알 수 있습니다. 우리의 절망의 이유는 세상의 가치, 눈에 보이는 것들에 희망을 뒀기 때문입니다. 우리가 희망한 것이 얼마나 가치 없는 것인가를 깨달아야 합니다. 철저한 절망의 자리로 데려가야 합니다. 그래야 그 절망의 자리에서 다시 진정한 희망, 진정한 소망을 만날 수 있습니다.

우리가 추구해야 할 진정한 소망이 무엇입니까? 바로 영원한 하나님 나라입니다. 절망의 자리에서 이 소망이 선포될 때에야 비로소 진정한 복음으로 나아갈 수 있습니다. 그래야 우리가 궁극적으로 어디를 향해 가야 하는지 알 수 있습니다. 이것이 설교에 있어 매우 중요하게 다뤄져야 할 작업 중 하나입니다.

넷째, 허무의 문제입니다. 성경에서 허무를 대표하는 책이 어디입니까? 바로 전도서입니다. 전도서는 허무주의를 말하는 것은 아니지만, 이 허무한 세상에서 우리가 가야 할 곳을 가르쳐주고 있습니다. 결국 허무란 인간이 가지고 있는 본질적인 문제입니다.

우리는 누구나 세상에 살면서 허무를 경험합니다. 정상에 오르고, 꿈을 이루고, 성공을 한 사람들은 누구나 허무를 말합니다. 그렇지 못한 사람들도 마찬가지입니다. 심지어 정말 행복한 순간에도 허무를 말합니다. 왜일까요? 아무리 정상에 오르고 행복을 맛보았어도 그곳에 궁극적으로 찾던 것이 없어서 그렇습니다. '그토록 노력해서 여기까지 왔는데, 이게 전부인가?' 하는 절망에 빠집니다. 고질적인 불만족에 빠지고 회의감이 밀려옵니다. 그 결과 인간은 무엇을 선택합니까? 삶의 포기입니다. 목숨을 끊어 버립니다. 허무의 역사 끝에서 절망을 이기지 못하니 자살을 택합니다. 얼마나 큰 비극입니까?

물론 어느 역사에나 허무는 있었습니다. 그런데 오늘 이 시대는 그 어느 때보다 허무가 짙게 드리워져 있습니다. 밑 빠진 독에 물을 붓는 것과 똑같습니다. 끊임없이 물을 붓는데도 채워지지 않습니다. 그런데 허무를 이야기하는 전도서는 우리를 어디로 데려갑니까? 영혼에 대한 갈망으로 데려갑니다. 이 세상에서 채울 수 없는 것을 가지고 이제 영혼을 향하여 가게 만드는 것입니다.

이처럼 설교자는 인간이 가진 본질적인 주제를 어떻게 진리로, 또 복음으로, 하나님 나라로 이어지게 할 것인가를 고민해야 합니다. 그러기 위해 설교자는 내면세계 속에 인간이 겪고 있는 본질적인 문제들을 온몸으로 안고 있어야 합니다. 그래야 말씀으로 이 문제의 답을 찾도록 길을 열어줄 수 있습니다.

다섯째, 불안의 문제입니다. 이것은 존재론적인 불안을 말합니다. 에덴에서 추방된, 하나님을 떠난 인간의 현주소입니다. 우리는 늘 미래를 불안해합니다. 미래를 모른다는 것은 현재도 불안하다는 것입니다. 내가 어떻게 할 수 없는 상황, 내일이 어떻게 될지 모르는 상황에서 우리는 살아갑니다.

특별히 한국 사회가 겪는 불안감은 유독 큽니다. 그야말로 불안사회입니다. 외국에서 살다가 온 사람들은 무슨 말인지 이해할 것입니다. 제가 20년 만에 한국에 들어와서 가장 크게 느낀 것은 불안정함이었습니다. 구조적, 문화적, 제도적으로 모든 상황이 불안정합니다. 계속해서 뭔가가 바뀝니다. 정책도, 정치도, 경제 상황도 당장 내일 어떻게 바뀔지 알 수가 없습니다. 자녀를 키울 때 부모가 제일 곤욕을 치르는 것이 입시제도일 것입니다. 1년 전과 1년 후가 다릅니다. 끊임없이 바뀌니까 아이들이나 어른들이나 안정감을 찾을 수 없습니다.

우리는 불안할수록 애착 대상을 찾습니다. 뭔가에 집착하면서 안정감을 확보하려고 합니다. 다양한 형태로 나타나는데,

대표적인 것이 부동산 투자나 주식투자 같은 것들입니다. 보험을 들기도 하고 다단계나 이단에 빠지기도 합니다. 그런데 과연 그런 것들이 우리에게 안정감을 줄 수 있을까요? 당장 주식시장에 무슨 일이 일어날지 모르고, 부동산 시장이 위태로운 이때에 진정한 안정은 어디에 있습니까? 결국 이것이 우리 설교가 지향해야 할 굉장히 중요한 초점이 될 수 있습니다.

여섯째, 실패의 문제입니다. 인간은 누구나 실패합니다. 실패를 경험하지 않는 사람은 없습니다. 실패는 일상입니다. 성공한 사람은 천에 하나, 만에 하나의 기회를 잡은 경우입니다. 그리고 그 사람도 언제 또 실패할지 모르는 일입니다. 교회에도 성공한 사람보다 실패한 사람이 훨씬 더 많습니다. 우리가 앞으로 살아갈 날들 중에도 성공보다는 실패할 일이 더 많이 남았습니다. 그래서 우리는 이 실패의 불안을 안고 살아가고 있습니다.

실패는 곧 인간의 연약함을 말합니다. 이 실패에서 좌절을 맛보고 자존심이 훼손당합니다. 그래서 설교자는 이런 실패감에 빠진 인간의 내면에 복음이 들어가도록 해야 합니다. 복음이 그들의 무너진 자존감과 훼손된 인간성을 회복시켜 주도록 해야 합니다.

어떻게 보면 실패의 자리는 복음을 받아들일 기회가 될 수 있습니다. 밤이 맞도록 그물을 던졌지만 고기 한 마리 잡지 못했던 베드로에게 주님이 찾아오셨습니다. 열두 제자로 택함을 받아 열심히 사역했지만 십자가 사건 직전에 주님을 배신하고 다시 그물을 던지던 베드로에게 주님은 찾아오셨습니다. 사실 인간의 실패는 복음을 전할 수 있는 가장 좋은 환경입니다. 하나님은 이 실패를 사용하십니다.

일곱째, 상실의 문제입니다. 인간에게는 상실의 두려움과 고통이 있습니다. 살다 보면 끊임없는 상실을 경험합니다. 질병, 노화, 죽음, 이별, 가정의 해체, 친구의 배신 등 상실은 우리 인생에 날마다 찾아옵니다. 목사는 이 상실의 문제 역시 복음으로 어떻게 해결할 것인가를 고민해야 합니다. 그것이 설교의 작업 중의 하나입니다.

여덟째, 고독의 문제입니다. 인간은 고독한 존재죠. 이것 역시 죄를 짓고 하나님을 떠난 존재론적 문제입니다. 특별히 한국 사회는 도시가 커지고 아파트 문화가 주를 이루면서 더욱 고립되어 갑니다. 개인주의가 심해집니다. 이것에 대한 처방은 어디 있을까요? 바로 교회에 있습니다. 복음으로 다가가야 합니다. 이것이 우리가 내릴 수 있는 답입니다.

아홉째, 죽음의 문제입니다. 인간 존재의 궁극적인 주제라 할 수 있습니다. 사실 사람들이 두려워하는 것은 암이 아니라 죽음입니다. 그래서 불안하고 두려움이 생깁니다. 이 죽음에 대한 답을 얻기 위해 사람들은 종교를 찾습니다. 그런 관점에서 보면 아무리 무신론이 득세하는 시대라고 해도 이 죽음의 문제가 해결되지 않는 한 결국 사람들은 하나님을 찾을 수밖에 없습니다.

따라서 우리는 이 죽음의 문제를 안고 교회로 나오는 사람들에게 십자가 복음이 가장 강력하고 확실한 답이라는 사실을 전해야 합니다. 설교의 현장에서 이 죽음의 문제는 끊임없이 다루어야 할 주제입니다.

그 밖에도 인간이 가지고 있는 근본적인 문제는 다양하게 존재합니다. 그런 문제들을 다룬 것이 바로 수백 년 동안 사람의 마음과 영혼을 사로잡고 있는 고전문학입니다. 고전문학을 보면 인간이 살면서 끊임없이 당면하는 근본적인 주제들을 굉장히 심도 있게 다루고 있습니다. 그렇기 때문에 사람들에게 계속해서 감동을 주는 책이 될 수 있었을 것입니다.

기독교 고전도 마찬가지입니다. 스캇 펙, C. S. 루이스의 책들을 보면 삶과 복음 사이에서 겪게 되는 묵직한 주제들을 심도있게 다룹니다. 우리는 이런 문제를 외면하지 말고 바로 바라봐야 합니다. 가슴으로 끌어안아야 합니다. 그리고 함께 고민하며 답을 제시할 수 있어야 합니다.

청중을 이해해야 합니다

청중이란 곧 교인입니다. 교인들을 주의 깊게 살피는 일이 설교를 함에 있어 매우 중요한 과정입니다. 목자가 양을 돌볼 때 가장 필요한 것은 양들을 바라보는 일입니다. 양들의 상태를 예의주시하고 주의력을 가지고 살펴야 하는 것입니다. 즉 우리는 교인들을 표면적으로만 이해할 것이 아니라 내면을 깊게 들여다보고 이해하려고 노력하는 태도가 필요합니다.

그런 관점에서 관찰력이 필요합니다. 담임목사로서 교인들을 얼마나 알고 있는가는 설교에 있어 굉장히 중요한 부분입니다. 그것은 곧 설교를 듣고 있는 청중에 대한 이해입니다. 그래서 심방이 중요합니다. 물론 교인들이 어려움을 겪었을 때 찾아가서 위로하는 것도 중요하지만, 그 과정을 통해 그들의 형편을 정확하게 이해하는 것은 설교의 깊이를 좌우하는 중요한 요소가 됩니다.

교인들이 최근 무엇에 관심을 갖고 있는지, 또 가장 큰 고민이 무엇인지, 그들이 무엇을 두려워하는지 주의 깊게 들어야 합니다. 때로는 설교 주제들을 바탕으로 해서 질문을 던져 볼 수도 있습니다. 그러면 교인들이 말씀에 대해, 복음에 대해, 믿음에 대해 어떤 생각을 가지고 있는지 들어 볼 수도 있습니다. 신앙의 상태는 어느 정도인지, 신앙생활에 있어서 어떤 고민을 안고 있는지도 살펴볼 수 있습니다. 어쩌면 그들의 이야기를 들어주는 것이 예배를 드리고 설교를 하는 것보다 더 중요한 일일 수 있습니다.

오늘날은 교인들의 관심이 굉장히 다양합니다. 그 다양한 관심을 가지고 어떻게 말씀으로 이끌어 낼 것인가 하는 문제는 매우 중요합니다. 결국 우리가 교인에 대한 관찰을 하는 것은 설교의 초점을 어디에 둘 것인가를 좌우합니다.

한번은 토론토에서 열리는 집회에 초대를 받았습니다. 저는 20년 동안 이민목회를 했기 때문에 이민 오신 분들이 어떤 고민을 안고 사는지 어느 정도 이해할 수 있었습니다. 설교를 하고 나왔더니 그곳 교인분들이 '우리를 너무 잘 이해하고 있는 것 같다'면서 좋은 반응을 해주었습니다. 만약 제가 이민목회 경험이 없었다면 그들의 마음을 건드리지 못했을 것입니다. 오히려 상처를 주었을지도 모릅니다. 이처럼 청중을 이해하느냐, 그렇지 않느냐의 문제는 설교에 있어 굉장히 중요한 부분을 차

지합니다.

주의해야 할 부분도 있습니다. 공동체가 오래 되면서 성도와의 관계가 깊어지는 것입니다. 물론 관계가 깊어지고 더욱 친밀해지면 좋은 점도 있겠지요. 그러나 위험한 점도 생깁니다. 자칫 너무 잘 알고 있다는 착각에 빠져서 더 깊이 살피는 일에 소홀해집니다. 오해를 하기도 합니다. 그러다 보니 설교를 통해 전달되어서는 안 되는 사실들이 전달되기도 하고 교인들에게 상처를 주는 일이 생기기도 합니다. 그러면 설교가 공동체를 어렵게 하는 요소가 됩니다.

우리는 성도의 말에 귀를 기울이는 청진기가 되어야 합니다. 청진기로 환자의 소리를 듣지 않고는 진단을 내릴 수 없습니다. 마찬가지로 귀를 기울이지 않으면, 대충 겉모습만 보고서는 그들의 신앙 상태가 어떤지 알 수 없습니다. 제대로 듣지 않으면 설교는 일방적일 수밖에 없습니다. 그러면 교인들과의 소통이 끊어질 수밖에 없습니다. 그러면 설교는 허공을 치게 됩니다.

요즘 교인들은 만만치가 않습니다. 무척 똑똑합니다. 요즘 서점에서 기독교 분야에 가장 잘 팔리는 책이 뭔지 아십니까? 신학 분야입니다. 이게 무엇을 뜻합니까? 물론 목사나 신학생들이 책을 사는 것도 있겠지만, 가장 많이 팔린다는 것은 곧 평신도들도 신학 책을 읽기 시작했다는 것입니다. 평신도들이 교회사, 조직신학에 관한 책들도 다 읽어 냅니다. 웬만한 목사들보다 지식 면에서 더 월등한 평신도들이 나타나고 있습니다.

그렇다 보니 설교가 끝나고 나면 아주 거칠게 항변하는 교인들이 등장합니다. 설교 중에 이런 내용은 신학적으로 문제가 있는 것 아니냐고 따집니다. 저도 설교를 하고 있는데 교인들이 바로 핸드폰으로 인터넷에 접속해서 제 말이 맞는지 틀린지 확인합니다. 또 얼마나 많은 목사들의 설교를 듣겠습니까? 설교에 관한 잔뼈도 굵어졌습니다. 목사가 자칫 잘못된 설교를 하면 금방 들통이 나는 시대가 됐습니다. 심지어 교인들 중에 원어 설교까지 듣고 있는 사람이 있습니다.

따라서 설교를 잘해야 합니다. 다른 목사 설교 인용하려면 출처도 정확히 밝혀야 합니다. 준비도 철저히 해야 합니다. 교인들은 목사가 설교를 얼마나 오래 준비했는지 다 계산할 수 있습니다. '저 설교는 한 세 시간 정도 준비했구나', '이 설교는 단에 올라오면서 생각했구나' 다 압니다. 교인을 무시하면 안 됩니다. 대충 설교하려다가는 큰코다칠 수 있습니다.

설교는 불특정다수에게 하는 것이 아니라 한 영혼에게 집중하는 것입니다. 집중력이 필요합니다. 그 집중력은 결국 영혼을 읽는 시간입니다. 그 시간을 보내는 것이 설교자가 거쳐야 할 매우 중요한 과정입니다. 영혼을 읽을 줄 아는 것은 성경을 이해하는 것과 함께 반드시 갖추어야 할 요소입니다.

시대를 이해해야 합니다

세상이 변했다는 말을 많이 합니다. 정말 그렇습니다. 급류에 떠밀려가 본 경험이 있습니까? 겉으로 보는 것과는 다릅니다. 강 밑 유속은 더 큰 급류입니다. 겉만 보고 '이 정도는 이길 수 있겠다' 생각하고 잘못 들어갔다가는 익사당하기 딱 좋습니다. 지금 우리 시대가 그렇습니다.

이 시대에 살면서 설교자는 트렌드를 이해해야 합니다. 이 변화를 읽는 것은 쉬운 작업이 아닙니다. 겉으로 드러나는 현상만 봤다가는 엄청난 변화들을 못 읽어 낼 때가 많습니다. 그 변화의 속도, 강 밑바닥의 유속을 읽어 내지 못 하면 방향을 찾지 못하고 표류하는 것입니다. 표류는 항해가 아닙니다. 그래서 위기를 위기로 느끼지 못하는 것이 진짜 위기라는 말을 합니다. 위기의식을 갖는다는 것은 결국 시대의 트렌드를 어느 정도 읽어 내느냐와 관계가 있습니다. 목적과 방향과 흐름을 잃어버리면 설교가 길을 잃습니다.

이 시대를 문명사적으로 황혼기라고 합니다. 문명이 끝났다는 것입니다. 4차 산업혁명이라는 말도 합니다. 과거에는 영화에서나 볼 수 있었던 AI 로봇이 각 가정에 아주 가깝게 다가가고 있습니다. 사람과 거의 비슷한, 감정까지 느끼는 로봇도 등장했습니다. 이러한 시대의 흐름을 읽어야 합니다. 왜 그렇습니까? 우리 교인들이 실제로 이 시대 안에서 살아가고 있기 때문입니다. 성도들이 그런 시대에 영향을 받고 있기 때문입니다. 기도원도 왔다 갔다 하고 기도도 하루 몇 시간씩 하면서 신령한데 시대 변화를 읽지 못하면 목사로서 문제가 있습니다. 우리는 이 시대의 변화를 어떻게 바라보고 준비해야 할지 고민해야 합니다. 지금 시대의 특징은 무엇일까요?

첫째, 세속화입니다. 급속한 세속화가 교회 안에 들어왔습니다. 이것은 우리 시대가 당면한 가장 버거운 과제입니다. 마치 배가 항해를 하는데 바닷물이 배 안으로 계속해서 들어오다가

급기야는 꽉 찬 상태가 된 것과 같습니다. 꽉 차 있으니 거부할 수가 없습니다. 세속의 물결이 교회를 혼탁하게 합니다. 교회를 세속화해서 세상 앞에 무릎을 꿇게 만듭니다. 교회가 세상을 따라오게 하고 본받게 하는 것이 아니라 우리가 세상을 따라가고 본받고 있습니다. 이 세속화 안에서 살아가고 있는 성도들을 어떻게 할 것인가가 우리가 해야 할 싸움입니다.

세속화 안에는 물질주의가 있고 맘몬 신이 붙잡고 있습니다. 예수님도 "한 사람이 두 주인을 섬기지 못할 것이니 혹 이를 미워하고 저를 사랑하거나 혹 이를 중히 여기고 저를 경히 여김이라 너희가 하나님과 재물을 겸하여 섬기지 못하느니라"(마 6:24)고 말씀하실 정도로, 맘몬은 강력한 힘으로 사람들의 영혼을 사로잡고 있습니다. 우리가 이런 부분에 눈을 크게 떠야 합니다. 우리 싸움의 대상이 여기에 있습니다. 성도들과 티격태격 하면서 속상해할 시간이 없습니다. 세상 돌아가는 것을 제대로 보고 목회의 싸움을 해야 합니다.

둘째, 지금 교회는 탈종교로 무너지고 있습니다. 비방과 비난도 관심이 있어서 합니다. 비방이 있다는 것은 어느 정도 기대와 인정이 있기 때문입니다. 그런데 이제 사람들은 교회에 관심조차 없습니다. 비단 기독교만의 문제가 아닙니다. 종교 자체에 관심이 없습니다. 사회 전반으로 종교를 바라보는 시선에 냉소주의가 흐르고 있습니다.

불교에도 이제 승려 지원자가 없다고 합니다. 그래도 신학교는 신학생들이 있기는 하지만, 경쟁률이 과거와는 다릅니다. 지원자가 계속해서 떨어집니다. 나중에는 신학교도 줄어들겠지요. 과거에는 종교를 물어보면 부모 종교 따라 내 종교도 불교다, 기독교다 이야기하곤 했지만 이제는 아닙니다. 부모는 교회에 다녀도 내가 하나님을 믿지 않으면 무교입니다. 탈종교가 아주 강력하게 일어나고 있습니다.

가나안 교인이 많아지면 문제가 무엇입니까? 그들이 언젠가 교회를 찾아 정착할 수 있으면 다행입니다. 그런데 결국 있던 믿음까지 다 잃고 교회 가기를 포기할 수도 있습니다. 은혜라도 있어야, 뭔가 사모하는 마음이 있어야 교회를 찾는 애라도 쓰지, 은혜도 기대도 없으면 그냥 교회를 잊게 되는 것입니다. 그러면 자연스럽게 세상으로 가는 것입니다. 지금 10대 자녀들은 어떻습니까? 지금이야 부모 따라 교회 왔다 갔다 할 수 있습니다. 그러나 스무 살이 되고 대학을 다니다 보면 자기 주관이 생깁니다. 그때 은혜 받지 못하면 그대로 탈종교로 넘어가는 것입니다.

그래도 과거에는 교회를 떠났다가 다시 돌아오기도 했습니다. 그러나 지금은 다시 돌아올 가능성이 매우 희박한 시대입니다. 탈종교가 심화되어 가고 있기 때문입니다. 어떻게 보면 그들은 미전도 종족입니다.

셋째, 지금 교회는 소비자 복음에 물들어 가고 있습니다. 이것이 무슨 말입니까? 지금 교인들은 소비의 개념으로 상품 대신 예수님을 찾는다는 말입니다. 즉 신발을 사고 티셔츠를 사는 것처럼 내 삶에 정신적인 안정감을 얻기 위해, 내 상처를 치유하기 위해 예수님을 찾고 복음을 사고 있다는 것입니다.

그 원인은 바로 이 사회의 소비주의에 있습니다. 계속해서

쾌락을 좇는 사람들은 소비를 통해 만족을 얻고자 합니다. 이것은 자본주의 사회 구조 속에서 생산과 소비의 균형을 맞춰가는 것입니다. 삶의 모든 영역 속에 자신의 욕구를 채우기 위해 소비를 합니다. 그 하나의 수단으로 종교, 기독교를 찾는 것입니다.

문제는 소비자의 욕망을 충족시켜 주려고 노력하는 현대 교회의 모습입니다. 사역을 하면서 우리에게 끊임없이 이런 유혹이 찾아옵니다. 그러다 보니 선택권이 소비자, 즉 교인에게 넘어가 있습니다. 교인들은 교회를 선택하고 설교를 선택합니다. 교인이 왕이 되어서, 교인이 신이 되어서, 그들의 기호와 성향과 그들이 추구하는 것이 절대화되고 강화되어서 교회를 쥐고 흔듭니다.

그것을 부채질하는 것이 인터넷입니다. 클릭 한 번으로 내 욕망과 필요를 채우려고 하는 소비적 구조에 맞춰서 마치 인터넷 쇼핑을 하듯이 설교를 선택합니다. 이것은 포스트 모더니즘과 연결되어서 우리를 굉장히 혼란스럽게 만드는 요소가 되었습니다. 우리는 이런 시대 속에서 어떻게 목회를 해야 할지 진지하게 고민해야 합니다. 참 버거운 일입니다.

그밖에도 시대적 담론들이 많습니다. 요즘엔 젠더 문제, 동성애 문제가 핫이슈 중 하나입니다. 또한 정치적으로는 이데올로기 전쟁이 심각합니다. 문제는 이런 문제들이 교회 안에서도 해결되지 않은 채 벌어지고 있다는 것입니다. 복음이나 말씀이 아니라 이데올로기로 싸움하고 있는 것입니다. 도리어 이 이데올로기 전쟁에 성경을 끌어오고 있습니다. 목사가 정치색을 띠고 여기에 교인들이 반발하는 일들이 벌어집니다.

사실 이런 문제들은 교회에서 중요하게 다뤄져야 할 담론들인데, 안타깝게도 이 시대 교회에서는 이런 이야기를 전혀 들을 수가 없습니다. 혹시라도 설교 중에 신학적으로 정리되지 않은 왜곡된 입장의 이야기를 다루다가 오히려 어려움을 겪을 수 있기 때문입니다. 우리 사회와 시대가 굉장히 복잡하고 어렵고 다면화되고 까다로워졌습니다.

이런 환경 속에서 목사의 역할이 무엇입니까? 바로 분별입니다. 지금 우리가 어떤 시대를 살아가고 있는지 분명히 알고, 여기에 맞는, 또 필요한 하나님의 말씀으로 바른 길을 제시해야 합니다. 진리를 통해 이 시대가 묻고 있는 질문에 답을 해야 합니다. 그런 면에서 변증적 설교가 필요합니다. 진리와 복음을 시대 속에서 타협하지 않고 선포해야 합니다. 이 부분에 대한 노력이 우리에게 더욱 필요한 때가 되었습니다.

chapter 12.

성경에 충실한 설교를 하십시오

설교자에게 있어서 여러 가지 숙제가 있겠지만 가장 큰 숙제는 바로 '성경을 어떻게 이야기할 것인가'입니다. 내가 하고 싶은 이야기를 성경을 가지고 할 것인가, 아니면 성경이 말하고자하는 바를 내가 이야기할 것인가? 이 큰 주제를 놓고 쉴 새 없이 싸움을 하는 것입니다. 과연 지금 내 설교에 성경의 위치는 어느 정도에 있습니까?

안타깝게도 우리 주변에는 말씀보다는 적용 일변도의 설교가 너무 많습니다. 우리는 말씀과 상관없는 목사의 임의적 이야기로 도배된 설교를 너무 많이 접하고 있습니다. 예를 들어 빛과 소금에 관해 이야기를 한다고 하면서 말씀에 대한 주해는 서둘러 끝내고 그냥 목사가 하고 싶은 이야기로 빨리 들어가 버리는 것입니다. 성경 안으로 들어가지 않은 채로 소금, 빛이라는 이미지를 가지고 기본적인 선입견에 입각해 기본적인 주제를 다루는 것입니다. 이것이 이 시대 설교가 맞이한 가장 큰 위기가 아닐까 생각합니다. 그렇다면 우리는 성경에 충실하기 위해 어떤 노력을 해야 할까요?

성경에 집중해야 합니다

설교에서 가장 중요한 것은 성경 말씀에 대한 집중력입니다. 말씀을 벗어나서 설교를 잘하는 방법은 없습니다. 얼마나 말씀 안으로 깊이 들어가느냐, 얼마나 정확하게 본문을 이해했느냐에 따라 설교의 깊이가 달라집니다. 말씀에 집중하지 않으면 깊이 있는 설교가 불가능합니다.

　따라서 우리는 말씀에 승부를 걸어야 합니다. 가장 강력한 설득은 결국 정확한 말씀 주해에서 시작됩니다. 아무리 열정을 내고 감동을 주려고 해도 성경 자체보다 위력적인 것은 없습니다. 청중 입장에서도 목사님이 지금 열변을 토하는데 과연 저 이야기가 성경의 어느 부분을 이야기하고 있는 것인지 궁금할 수밖에 없는 것입니다.

　젊은 사역자일수록 본문에 대한 집중력을 가져야 합니다. 요즘에는 좋은 주석들이 많이 출간되어서 사실 조금만 노력하면 본문을 해석하는 작업은 그리 어렵지 않습니다. 그런데 어떤 목사들은 이 작업을 너무 가볍게 여깁니다. 심지어 시간이 없다는 이유로 그냥 건너뜁니다. 중요하게 생각하지 않는 것입니다. 그러나 본문에 집중하지 않는 설교는 결국 힘이 없습니다. 자꾸 설교 시간에 내 이야기를 하는 것에 훈련되어 있는 목사들은 계속 그 길로만 가게 됩니다. 아주 위험한 일입니다.

　이제는 수박 겉핥기식으로 본문을 대충 다뤄서는 안 됩니다. 원문 이해, 역사적 배경과 문화적 환경, 시대적 상황을 정확히 이해하면서 본문 안으로 들어가야 합니다. 그리고 이 본문에서 저자가 무엇을 말하고자 하는지도 충분히 드러날 때까지 연구해야 합니다. 사실 이 작업은 쉽지 않습니다. 그러나 이렇게 하지 않으면 하나님 말씀을 훼손할 가능성이 커집니다. 말씀을 결 그대로 드러내는 작업에 실패하면 설교는 이미 실패라고 해도 과언이 아닙니다.

　사실 말씀에 집중해서 그 안으로 깊이 들어가다 보면 설교할 내용은 무궁무진합니다. 탕자의 비유만 놓고 봐도 한두 주 설교하고 말 내용이 아닙니다. 이 말씀만으로 한 달, 두 달도 설교할 수 있습니다. 본문의 세계로 깊이 들어가 보면 설교에 있어서 말씀보다 귀중한 것이 없다는 사실을 깨닫게 될 것입니다. 말씀에 집중하기 위한 노력을 하십시오. 설교집을 읽더라도 본문과 씨름한 흔적이 보이는 책을 읽으십시오.

숲과 나무를 같이 봐야 합니다

우리는 설교를 준비하면서 나무를 보려는 노력이 필요합니다. 나무를 본다는 것은 본문 안에 있는 지명이나 단어, 접속사 전후 문맥 등을 샅샅이 살피며 연구하는 것입니다. 마치 현미경으로 세포 하나하나를 들여다보는 것과 비슷합니다. 성경을 구석구석 꼼꼼히 살핀다고 생각하면 됩니다. 그러려면 관찰력이 필요합니다. 그러기 위해서는 원어성경, 영어 번역본 등을 보는 노력도 있어야 합니다.

물론 이런 내용들을 모두 설교에서 꺼낼 필요는 없습니다. 중요한 것은 이를 재해석하는 작업입니다. 그런데 어떤 목사들은 해석되지 않은 채 무르익지 않은 설교를 하면서 아멘을 유도합니다. 교인들이 참 난감합니다. 충분히 준비하고 말씀에 마음이 서서히 들어가면서 무르익을 때 아멘은 저절로 나오는 것입니다. 강요한다고 되는 것이 아닙니다.

나무만 봐서는 안 됩니다. 숲을 보려는 노력도 있어야 합니다. 즉 성경 전체 주제를 파악하고, 그 안에서 핵심 주제를 끄집어내는 작업을 해야 하는 것입니다. 주제는 결국 말씀 안에서 잡아야죠. 이때도 역시 관찰력이 필요합니다.

사실 강해설교에 있어서 성경을 숲과 나무를 보듯 끌어 나가는 것이 굉장히 중요합니다. 특히 성경별로 흐름을 이해하고 있어야 합니다. 그래야 어떤 대목을 떼서 이야기를 해도 그 말씀의 의도를 정확히 전달할 수 있습니다.

> 29 피곤한 자에게는 능력을 주시며 무능한 자에게는 힘을 더하시나니 30 소년이라도 피곤하며 곤비하며 장정이라도 넘어지며 쓰러지되 31 오직 여호와를 앙망하는 자는 새 힘을 얻으리니 독수리가 날개치며 올라감 같을 것이요 달음박질하여도 곤비하지 아니하겠고 걸어가도 피곤하지 아니하리로다
> 사 40:29-31

예를 들어 위의 이사야 본문으로 설교를 한다고 했을 때, 나무만 놓고 본다면 '피곤', '무능'이라는 단어를 통해 '피로의 시대', '인간의 한계'를 주제로 설교할 수 있을 것입니다. 또한 '앙망'이라는 단어를 '하나님과의 접속'이라는 의미로, 현대적으로 '우리는 한계가 있을 수밖에 없지만 하나님과 접속하며 살 때에 한계에서 극복할 수 있다'는 흐름으로 설교할 수 있습니다.

그런데 숲 전체를 생각하면서 이 본문을 본다면 무능하고 피곤하다는 것은 곧 이스라엘 백성들의 시대적 상황이고, 하나님이 그들을 회복시키고자 하는 약속의 말씀으로 해석할 수 있습니다. 그리고 이스라엘 백성의 회복의 목적은 훼손된 하나님의 영광의 회복에 있습니다. 즉 이 말씀은 단순히 우리의 피로의 문제가 아니라 이 피로를 해결하고자 하는 목적이 무엇인지,

이 피로를 어떻게 해결해야 하는지를 이야기하는 것입니다.

성경의 전후 문맥을 파악한다는 것은 정말 중요합니다. 잠언 같은 경우는 사실 흐름이 그렇게 중요하지 않습니다. 그러나 역사서를 묵상할 때는 중요한 흐름을 파악해야 합니다. 이것을 놓친다면 성경이 말하고자 하는 정말 중요한 중심 주제를 놓칠 수 있습니다.

따라서 우리는 탄탄한 조직신학을 갖추어야 합니다. 성경의 거대한 틀, 시스템이 완전히 우리 안에 자리를 잡고 있으면 설교를 하면서 범할 수 있는 오류들을 바로잡을 수 있습니다. 성경신학 또한 마찬가지입니다. 우리가 이런 부분에 관심을 갖고 성경을 공부하려는 노력을 해야 합니다.

신학적 용어를 어떻게 풀어 줄 것인가

신학적 용어들을 성도들에게 어떻게 풀어 줄 것인가 역시 우리에게 큰 과제 중 하나입니다. 사실 우리는 신학교에서 공부했기 때문에 신학적 용어들에 대해 거부감이 없습니다. 그래서 설교를 하면서 아무렇지 않게 그런 용어들을 사용합니다. 그런데 교인들은 신학적 용어들을 정확히 이해하지 못합니다.

예를 들어 '구속'이라는 단어만 놓고 보더라도 교인들은 그 의미를 정확하게 이해하지 못한 채 설교를 듣고 있을 가능성이 큽니다. 그래도 교회에 오래 다녔고, 설교 듣는 것에 익숙하면 그런대로 대충 이해할지 모르겠습니다. 하지만 초신자들은 구속이 감옥에 들어갔다는 뜻인지 헷갈립니다.

목사는 설교를 하면서 이 신학적 용어들을 잘 풀어 줄 수 있어야 합니다. 예를 들어 요리사가 음식을 준비한다고 생각해 봅시다. 여러 가지 재료를 먹기 좋게 썰어 각종 양념으로 맛을 낸 후에 접시에 보기 좋게 담아서 대접합니다. 그런데 신학적 용어를 풀지 않은 채 설교한다는 것은 재료를 그대로 접시에 내서 대접하는 것과 같습니다. 고기는 고기대로, 양파는 양파대로 주면서 대충 알아서 입맛에 맞는 것 골라 먹으라는 것입니다. 그러면 교인들은 힘듭니다. 목사는 목이 터져라 외치는데 교인들은 전혀 들을 길이 없는 것입니다.

어떤 경우는 설교하는 목사조차도 그 용어가 본래 무엇을 의미하는지 모릅니다. 그냥 대충 이런 내용이겠거니 하고 넘어가지 말고 꼼꼼히 살피며 공부하기 바랍니다. 요즘에는 원어 사전도 정말 좋은 것들이 많습니다. 언젠가 곽선희 목사님이 설교학 강의를 하시는데, 첫 번째 강의가 '한글을 배워라'였습니다. 한글을 모르는데 설교를 할 수 있느냐는 것입니다. 우리가 한국 사람인데 한글을 모를 리 있습니까? 그런데 가만 보면 우리가 쓰는 단어들의 폭이 참 좁습니다. 또 말의 본래 의미를 모르면서 쓰는 것들이 굉장히 많습니다. 그러니까 자꾸 설교가 추상적으로 가는 것입니다. 그러면 교인들도 그 설교를 듣고 싶지 않습니다.

목회도 마찬가지입니다. 신학교 다닐 때만 신학이 필요한 것이 아닙니다. 신학의 기반이 탄탄해야 목회도 제대로 할 수 있습니다. 지금의 한국 목회의 딜레마는 신학이 결여되어 있는 것인지도 모릅니다. 그러니 세상의 영향을 받습니다. 그러면 출처 불분명한 목회가 됩니다.

구조에 너무 매이지 마십시오

그러면 좋은 설교는 어떻게 만들어야 할까요? 먼저 구조를 잡아야 합니다. 뼈대를 잡는 것입니다. 지금까지 한국 교회에서는 전통적으로 삼대지 설교를 많이 써 왔습니다. 사실 이런 구조는 글의 정리에 있어서는 좋지만 자칫 잘못했다가는 지루한 설교가 되기 쉽습니다. 게다가 어떤 설교는 '첫째', '둘째', '셋째' 했으면 끝나야 하는데, '마지막으로', '끝으로', '정리하면' 하면서 끝나지가 않습니다. 그러니 교인들은 숨이 넘어갑니다.

물론 설교에서 뼈대는 중요합니다. 건물도 기초공사가 중요하듯이 이 뼈대를 잘 잡아야 합니다. 그런데 너무 구조에만 매달리면 건물의 모양이 정형화됩니다. 지금까지 삼대지 설교를 하던 한국 교회는 전통적인 틀에 맞춰진 건물과 같습니다. 너도나도 다 똑같습니다. 안정적일지는 모르지만 예상가능하기 때문에 재미가 없습니다. 요즘에는 건물 디자인도 참 다양합니다. 설교도 마찬가지입니다. 포스트 모더니즘 시대는 정형화되는 것을 싫어합니다.

사실 저는 설교를 준비하면서 굳이 구조에 크게 매이지는 않습니다. 그렇다고 아무렇게나 설교할 수는 없습니다. 제 나름대로의 구조를 가지고 설교를 하는 편입니다. 이때 신경 써야 하는 몇 가지를 소개한다면, 첫째, 기승전결이 있어야 하고 둘째, 논리 있게 전개해야 합니다. 과거 설교자들은 논리학을 굉장히 중요하게 다뤘습니다. 신학을 할 때 반드시 논리학을 공부했습니다. 논리가 맞지 않으면 교인들이 설교를 듣지 않기 때문에 그렇습니다. 이 부분에 있어서는 지금도 마찬가지입니다. A를 이야기하다가 갑자기 X를 이야기할 수는 없습니다. 듣는 사람은 혼란스럽습니다. 이러한 논리는 뼈대를 잡는 작업에서 나옵니다.

뼈대를 잡았으면 이제 몸을 세우는 작업을 해야 합니다. 살을 붙이는 작업입니다. 여기에서 설교의 재미가 결정됩니다. 이 작업을 하기 위해 우리는 본문을 낯설게 하는 작업이 필요합니다. 만약 교회에 20년 쯤 다닌 교인이 있다면, 그는 탕자가 집 나간 이야기로 설교를 골백번도 넘게 들었을 것입니다. 그러니 이제는 본문만 봐도 '아, 목사님이 이런 이야기를 하겠군' 합니다. 그런데 여전히 같은 관점으로 탕자의 이야기에 접근한다는 것은 매우 위험한 일입니다. 어떻게 살을 붙일까 고민할 때는 본문을 낯설게 하는 작업을 할 필요가 있습니다.

살이 다 붙었다면 이제는 생기를 불어넣을 차례입니다. 아무리 성경을 잘 해석하고 재미있게 살을 붙였다고 해도 그 설교로 성도의 마음을 움직일 수 있다고 생각하면 안 됩니다. 생기가 없는 설교는 무미건조하고 밋밋합니다. 요리를 할 때도 이것만 넣으면 맛이 딱 나는 조미료들이 있지 않습니까? 설교를 할 때도 마찬가지입니다. 설명만 늘어놓으면 안 됩니다. 기계적으로 이야기해서도 안 됩니다. 설교자의 혼이 필요합니다. 생명력이 있고 감동이 있어야 합니다. 이것은 성령의 도우심이 필요하기 때문에 기도를 많이 해야 합니다.

나만의 설교는 꾸준한 묵상생활에서 나옵니다

요즘 설교를 보면 마치 곰탕 같습니다. 우리고, 우리고, 또 우려서 먹습니다. 맛도 어느 식당에 가나 비슷합니다. 국숫발 나오듯 비슷한 설교, 판에 박힌 재미없는 설교가 이 시대에 얼마나 많습니까?

설교에서 정말 중요한 것은 '과연 이 본문이 자기화 되었는가' 입니다. 자기 목소리를 내고 있는가를 생각하라는 것입니다. 내 목소리는 나만이 낼 수 있습니다. 다른 사람이 흉내를 낼지언정 똑같을 수는 없습니다. 그러고 보면 강해 설교에 목숨을 걸어 왔던 존 맥아더(John MacArthur)의 설교를 들으면 참 명료합니다. 오직 그만이 낼 수 있는 색깔이 있습니다. 바로 복잡하지 않은 담백함입니다. 존 파이퍼(John Piper)는 어떻습니까? 열정이 있습니다. 누가 흉내를 내면 '아, 존 파이퍼를 흉내 내는구나' 알 수 있을 정도입니다.

다른 목사 흉내 내지 마십시오. 그러면 아류가 됩니다. 복제품이 되는 것입니다. 다른 건 몰라도 설교자로서, 하나님 말씀의 대언자로서 그럴 수 있습니까? 하나님은 내가 누구 흉내를 내기 원하시지 않습니다. 분명 나만을 통해 회중에게 들려주고자 하는 메시지가 있습니다. 거기에서 생명력이 나오는 것입니다. 물론 완전한 창작은 없으니 누군가의 설교나 설교집을 참고할 수는 있지만, 어느 순간이 되면 진짜 하나님과 나의 관계 안에서 만들어 내는 설교가 필요합니다.

그래서 설교자의 묵상세계가 참 중요합니다. 설교자에게 묵상노트는 필수에 필수입니다. 묵상은 삶이어야 합니다. 묵상은 마치 샘을 파는 것과 같습니다. 깊이 파면 팔수록 새로운 물이 솟아납니다. 설교의 아이디어가 모자라는 것은 묵상이 없기 때문입니다. 물론 신학적으로 자료를 찾고 연구하는 것도 중요하지만, 진정한 설교의 영감은 묵상에서 오는 것입니다. 묵상의 깊이가 설교를 결정하는 것이고, 묵상이 없으면 성도들과의 교감이 힘들 수밖에 없습니다. 묵상이 없으니까 결국은 요리되지 않은 날 것이 되고, 개념 덩어리가 되고, 지식적인 전달이 되는 것입니다.

이 묵상의 작업은 머리로만 하는 것이 아닙니다. 가슴으로 내려와야 합니다. 삶으로 연결되어야 합니다. 놀랍게도 많은 목사들이 묵상의 삶을 등한시합니다. 오히려 성도들이 큐티를 더 잘합니다. 이래서는 목사의 권위가 서지 않습니다. 지금이라도 당장 성경을 펴고 묵상하는 삶을 살아 내기 바랍니다.

목회는 엉덩이로 합니다

설교자는 고독한 시간을 많이 가져야 합니다. 설교 한 편을 내기 위해 우리는 굉장히 오랫동안 홀로 작업해야 합니다. 그러나 이 고독을 견딘다는 것은 쉬운 일이 아닙니다. 자칫 위험한 순간이 올 수 있습니다. 그래서 고독을 피하려고 하는 목사들이 많습니다.

그러나 고독을 받아들여야 합니다. 이 고독을 즐겨야 합니다. 고독을 친구로 삼아야 합니다. 이것은 묵상하는 삶과도 일맥상통합니다. 고독의 시간, 골방에서의 시간을 이겨 내지 못하면 교인들을 움직이게 하는 설교를 할 수가 없습니다.

제가 부교역자들에게 날마다 하는 말이 있습니다. "목회는 엉덩이로 한다"입니다. 고독을 이기지 못하면 일탈을 합니다. 죄를 짓고 외도를 하게 됩니다. 그러나 이 고독의 힘을 즐기면 역사를 만들어 냅니다. 설교의 영감은 결국 고독에서 나오기 때문에 그렇습니다.

설교자에게는 수시로 유혹이 옵니다. 설교를 쉽게 준비하려고 하는 유혹입니다. 목회 초기부터 이런 유혹에 빠져 습관이 되면 평생 목회를 망치게 됩니다. 잘한다는 것은 두 번째고, 우리는 먼저 성실하게 준비하는 것이 몸에 익어야 합니다. 철저하게 시간을 들여서 제대로 한 편의 설교를 준비하는 훈련이 되어야 합니다. 시간과의 싸움은 성공적인 목회를 위한 대가 지불입니다.

저는 가능하면 주 초에 설교의 골격을 다 세웁니다. 그리고 토요일 오후까지는 살을 붙이고 언어를 다듬습니다. 설교를 주 초에 미리 준비하는 것과 주일에 임박해서 하는 것은 큰 차이가 있습니다. 살을 붙이는 데에 있어 창의력이 떨어집니다. 묵상이 부족하다 보니 감동도 떨어집니다. 마음이 조급해지니 설교를 통해 기쁨을 얻지도 못합니다. 우리는 무엇보다 설교를 통해 한 영혼을 변화시키고 그들을 행복하게 만들어 행복한 교회를 세워야 합니다.

chapter 13.

설교자가 갖추어야 할 것들

목사의 권위가 곤두박질치고 있는 이 시대에도 매주 예배는 드려지고 수많은 설교가 쏟아지고 있습니다. 우리는 하나님의 말씀을 대언하는 설교자로서 어떤 자세와 태도로 강단에 올라야 할까요?

전문성을 갖춰야 합니다

사실 요즘은 어느 분야든 전문성이 공격을 받고 있는 시대입니다. 요즘 환자들은 병원을 갈 때 그냥 가지 않습니다. 자기 상태에 대해서 공부를 하고 갑니다. 환자가 의사 앞에서 의학 용어들을 사용합니다. 의사 입장에서 갑자기 당황스럽지 않겠습니까? 이런 일들이 어떻게 일어날 수 있습니까? 바로 인터넷 덕분입니다. 어디든 내가 마음만 먹으면 전문 자료들을 다 열람할 수 있습니다. 모든 학문이 어디든 열려 있다는 말입니다.

목사들도 방심해서는 안 됩니다. 점점 교인들은 신학 지식으로 무장을 하고 교회에 옵니다. 설교를 들으면서 바로바로 팩트 체크를 합니다. AI 혁명이 오면 많은 직업이 없어질 것이라고 하는데, 저는 그중에 목사가 포함되지는 않을지 참 걱정이 됩니다. 그도 그럴 것이 인터넷에 접속해서 조금만 검색하면 카테고리별로 과거 주옥같았던 설교들을 다 들을 수 있지 않습니까? AI 목사님이 말만 하면 탁월한 설교를 찾아서 틀어 줄 테니 교회에 나오고 싶겠습니까?

도덕성을 갖춰야 합니다

설교는 들려지는 것이지만 보여지는 것이기도 합니다. 설교는 목사의 삶의 문제, 인격의 문제, 도덕성의 문제인 것입니다. 결국 목사는 말씀을 살아 내는 사람입니다.

오늘날 목사들이 왜 매를 맞습니까? 여기에서 실패를 한 것입니다. 권위가 훼손을 입었습니다. 아주 해괴한 사건들이 곳곳에서 터집니다. 목회 잘해 오던 목사가 갑자기 사라지기도 합니다. 교인 수도 많았는데, 그 영혼들을 한꺼번에 날려버린 것입니다. 언행 불일치입니다. 이게 무엇입니까? 바리새인들이 가지고 있던 위선입니다. 겉과 속이 다른 것입니다. 그러니 이제 교인들은 목사를 못 믿겠다고 합니다. 목사들의 신앙과 삶의 괴리가 너무나도 큽니다.

메신저의 삶과 메시지가 일치되어야 합니다. 여기에서 목사의 권위가 결정됩니다. 만약 권위가 확보되지 않으면 교인들은 그 목사의 설교를 듣지 않습니다. 그래서 똑같은 설교를 하더라도 어떤 사람에게는 설교가 흘러가는데 어떤 사람에게는 흘러가지 않는 것입니다. 설교자의 권위를 인정하지 않는 교인들에게는 메시지가 쫓겨나가는 것입니다. 말씀이 가슴에 꽂히지 않고 머리 위로 지나가고 마는 것입니다. 우리는 지식이나 정보의 전달자가 아닙니다. 목사가 좋은 이야기를 많이 전달한다고 해서 교인들이 환호하지 않습니다.

저는 요즘 제 설교가 과연 회중뿐 아니라 교회 리더십들에게, 당회원들에게 은혜를 끼치는가에 대해서 심각하게 고민 중입니다. 담임목사가 당회를 움직이고 있는가, 리더십들이 담임목사의 말씀으로 변화되고 있는가! 이것은 교회 안에서도 아주 중요하게 다뤄야 할 문제입니다. 이게 되면 목회는 제대로 가고 있는 것입니다. 그런데 핵심 리더들이 담임목사의 말씀에 권위를 인정하지 않고 말씀을 받지 않으면 파워게임이 시작됩니다.

지금 내가 사역하는 교회, 공동체를 보면 어떻습니까? 설교 말씀에 은혜를 받는 태도와 받지 않는 태도가 구분이 됩니까? 교인들이 목사의 권위 안에 있는지, 밖에 있는지, 말씀을 받아들이는지, 받아들이지 않는지 보입니까?

가만 보면 일반 교인들은 은혜를 받는데 당회원, 리더십들은 은혜를 못 받는 경우가 많습니다. 왜 그럴까요? 그들은 목사의 삶을 가장 가까이서 보는 사람들이라서 그렇습니다. 그들은 교인들이 잘 모르는 것들도 알고 있습니다.

돈을 사랑하지 마십시오. 물질을 보지 마십시오. 교인들이, 당회원들과 리더십들이 목사의 경제적 수준, 헌금 생활 다 지켜보고 있습니다. 불꽃같은 눈동자는 하나님만 갖고 계신 것이 아닙니다. 교인들의 눈은 정말 정확합니다. 목사의 삶과 메시지가 일치하지 않으니까 설교가 교인들 사이에 들어가지 않는 것입니다. 교인들 탓하지 마시기 바랍니다. 모든 문제의 원인은 내 안에 있습니다.

영성을 위해 애쓰십시오

목사의 영성은 곧 말씀과 기도에서 나옵니다. 저는 목회자들이 구도자의 태도를 가지는 것이 필요하다고 봅니다. 우리는 너무 상업적인 기교에 물들어 있습니다. 어떻게 하면 교회를 성장시키고 교인들을 모을 것인가 하는 방법론을 배우려고 합니다. 그런데 우리는 이미 모든 성장의 도구를 갖췄습니다. 기술적으로는 완벽합니다. 그러나 교회를 성장시키는 백 가지 원리를 다 꿰뚫고 있어도 안 되는 것이 있습니다. 그것은 목사의 영성 문제입니다.

우리가 먼저 순례자로서, 구도자로서 하나님을 알아 가고 경험해 가다 보면 성도들을 이 세계에 초대해서 함께 갈 수 있습니다. 그런데 그게 아니라면 교인들을 내가 성장하는 도구로 이용하게 될지도 모릅니다. 혹시 내가 생각했던 것만큼 교회가 성장하지 않는 것 같아 짜증이 나지는 않습니까? 성도들이 내 생각대로 움직여 주지 않고 게으르기만 한 것 같아 판단하고 불평하지는 않습니까? 설교 때 "게으른 종들아!" 하면서 율법적 설교를 쏟아 내고 있지는 않습니까? 지금 내 속에 있는 것들이 나오는 것입니다. 내가 지금 실용주의적, 세속적인 목사가 되어 가고 있다는 증거입니다.

지금까지 한국 교회는 경제 구조와 같은 길을 걸어오면서 실용주의적 사역자를 수도 없이 배출해 왔습니다. 우리는 결과가 중요했습니다. 빠른 성장을 얻어야 했습니다. 그래서 방법론에 갈급했습니다. 그러나 방법론을 배우는 일은 빠른 길입니다. 꼭 목사가 아니어도 할 수 있습니다. 우리가 가야 할 길은 빠른 길이 아닙니다. 자칫하면 설교도 나를 성장시키려는 하나의 도구가 될 수 있습니다.

우리는 사역자이고 동시에 영성가여야 합니다. 설교를 하려면 먼저 영성이 중요합니다. 빈약한 영성으로는 깊은 설교를 할 수 없습니다. 결국은 영성의 깊이로 승부를 내야 합니다. 아무리 설교학 박사가 되어도 영성이 받쳐 주지 않으면 설교의 깊은 세계 안으로 들어갈 수 없습니다.

그래서 우리는 영성의 우물을 파야 합니다. 다른 사람이 경험하지 못한 세계를 가지고 있어야 합니다. 영성을 다지는 훈련은 개인의 몫입니다. 사실 설교론에 들어가야 할 영역이 아닐지도 모르겠습니다. 그럼에도 우리가 설교자로서 바로 서기 위해서는 이 부분에 깊은 관심을 가져야 합니다.

지성이 필요합니다

설교는 영성의 문제이면서 동시에 지적인 작업입니다. 이 지성을 기르기 위해서는 절대적으로 독서력이 뒷받침되어야 합니다. 문학과 철학과 역사에 대해 아주 고르게 지식을 섭렵해야 합니다. 물론 목회를 하면서 이런 부분을 채우기란 쉽지 않습니다. 그러나 계속해서 노력하는 것과 아예 손을 놓는 것에는 큰 차이가 있습니다.

목사가 어떤 책을 보는가에 따라 설교의 경계선이 정해집니다. 요리를 하려면 다양한 재료와 향신료가 필요하듯이, 설교의 깊은 맛을 위해서는 내가 평소 읽고 있는 책과 참고도서의 분량이 중요합니다. 재료가 몇 가지 없다면 만들 수 있는 요리는 단순하고 한정됩니다. 설교도 자료가 충분하지 않으면 뻔한 얘기만 하게 됩니다. 존 맥아더 목사는 목자와 양에 대한 설교를 하면서 전문적으로 양을 치는 사람도 모를 정도의 지식을 연구했다고 합니다. 그러니 그 설교가 주는 깨달음이 대단했다는 것입니다. 결국 설교의 깊이를 위해서는 방대한 자료가 필요합니다.

지금 내 서재에 어떤 책이 꽂혀 있습니까? 강해 설교를 하려면 유명 목사들의 강해집이 있어야 합니다. 특히 원론적인 책들, 본질에 접근하는 책들도 필요합니다. 본문을 정확하게 주해한 책들도 있어야 합니다. 때로는 번역서가 원서의 느낌을 받쳐 주지 못하는 경우도 많습니다. 번역서로 읽으면 감동이 밋밋한데 원서로 읽을 때 영감이 오기도 합니다. 그럴 때는 원서로 읽을 수 있어야 합니다.

이런 신학적인 책들, 그중에서도 성경 해석을 도와주는 책들은 틈날 때마다 꾸준히 읽어야 합니다. 읽어 두면 피가 되고 살이 됩니다. 마치 보약을 한꺼번에 먹으면 탈이 나지만 적정 용량을 꾸준히 먹으면 도움이 되는 것과 같습니다. 성경신학적 책들은 성경 전체를 빠지지 않고 이해하도록 도와줍니다. 그러면 성경을 균형 잡힌 시각으로 볼 수 있는 안목이 생깁니다. 성경은 그 내용이 방대하다 보니 전체의 맥을 잡는 것이 정말 중요합니다. 그런데 우리 기억으로는 군데군데 빠져 있을 수 있습니다. 그럴 때는 이런 책의 도움을 받을 수 있습니다. 계속 읽다 보면 그것이 나중에 큰 영향력을 발휘합니다.

또 고전들이 있습니다. 역사를 관통해 오면서 사람들에게 영향력을 끼친 감동적인 책들입니다. 이런 책들은 인간의 가장 본질을 다룹니다. 시대가 변해도 그런 내용들은 변함없이 적용이 됩니다. 오스왈드 챔버스의 《주님은 나의 최고봉》이라든가

A. W. 토저의 책들을 읽어 보십시오. 그냥 읽으면 안 됩니다. 한 구절 한 구절 묵상하며 파고들면 감탄이 절로 나옵니다. 이전 시대 그 맑은 영성들에서 피어올랐던 언어들. 그 영성의 한 마디 한 마디가 얼마나 기가 막힙니까? 앤드류 머레이의《겸손》이나《순종》같은 책들, 토마스 아 켐피스, 성 어거스틴, E. M. 바운즈, 디트리히 본회퍼의 책들을 읽으면서 그 기막힌 영성에 빠져 보기 바랍니다.

꼭 신앙서적이 아니어도 좋습니다. 소설도 빼놓을 수 없습니다. 소설을 읽으면서 우리는 주인공의 삶을 간접적으로 경험할 수 있습니다. 그러면서 인간 내면의 깊은 세계를 들여다볼 수 있습니다. 삶에 대한 이해가 깊어집니다. 그뿐만 아니라 문학적 소양도 쌓을 수 있습니다. 이야기를 풀어 가는 기교라든가 언어의 유희가 탁월합니다. 글이 술술 읽히고 막힘이 없습니다. 그런 문학적 소양도 설교를 준비할 때 큰 힘이 됩니다.

제가 좋아하는 분야 중 하나가 심리학입니다. 내면세계의 상처라든가 거기에서 오는 행동 패턴 같은 것들을 연구한 책을 읽다 보면 인간 이해에 도움이 됩니다.

또한 저는 시를 읽는 것을 좋아합니다. 시의 세계에 들어가면 상상력을 일으킵니다. 몇 글자 안 되는 문장에서 감동이 옵니다. 추억에 젖기도 하고 감성에 촉촉하게 빠져들기도 합니다. 감성을 건드리는 데에 시만큼 좋은 것이 없습니다. 그리고 이런 감성에 호소하는 능력이 때때로 목사에게 요구될 때가 있습니다.

에세이도 목사에게 좋은 영감을 줍니다. 글 자체가 까다롭지 않고 쉽게 다가갈 수 있어서, 이런 글쓰기 능력이 목사에게 있으면 교인들에게 쉽게 다가갈 수 있을 것입니다. 좋은 글들이 내 입에 익숙해지도록 만드십시오. 그러면 나도 모르게 그런 언어가 내 입에서 터져나오게 됩니다.

그밖에도 인문학이나 문학비평서나 평론가들의 책도 있습니다. 이런 책들도 유익해서 저는 즐겨 읽습니다. 실용서는 잘 읽지 않습니다.

그리고 영성에 관한 책들이 있습니다. 지금 이 시대가 성장을 추구했던 시대에서 영성의 시대로 넘어가고 있습니다. 이런 때 목사는 교인들을 영성의 세계로 이끌어 가는 것에 관심을 가져야 합니다. 이런 책들을 읽으면서 영성의 세계를 계속 들여다보는 것이 중요합니다.

'무지의 중력'이라는 말이 있습니다. 중력을 벗어나기 위해서는 어마어마한 에너지가 필요한 것처럼, 무지의 중력을 벗어나는 것도 쉬운 일이 아닙니다. 깨달음의 수준이 한 단계 올라가는데 어마어마한 에너지를 쏟아야 합니다. 우주선이 대기권 밖으로 나가는 것과 같은 에너지입니다.

책을 통해서 지식을 계속 습득하고 학자들의 좋은 성경 강해를 습득하다 보면, 어느 순간 참고서에 의존하지 않고도 창작이 가능한 경지에 다다르게 될 것입니다. 그렇지만 아무리 창의력 있는 설교를 하더라도 자료가 충분하지 않으면 했던 설교를 계속 반복하는 것 말고는 방법이 없습니다. 그리고 그렇게 3년이면 설교할 내용이 바닥이 나게 됩니다. 내 설교의 깊이를 위해, 좀 더 멀리 내다보고 허리띠를 졸라매십시오. 다른 지출 줄이고 책을 사 모으고 또 읽으십시오. 빌려보는 것보다 사서 서재에 꽂아 놓고 두 번이고 세 번이고 읽는 것이 좋습니다. 어떤 젊은 목사는 돈이 없어서 책 못 샀다고 하는데, 관심을 가지면 얼마든지 구할 수 있는 곳이 많습니다. 결국 설교는 깊이의 싸움입니다.

매너리즘에 빠지지 말고 감성을 채우십시오

목회자는 삶 자체가 건조해지기 쉽습니다. 감성이 죽기 쉽습니다. 특히 현대 사회가 그렇습니다. 그러나 목회자에게 감성의 영역은 매우 중요한 역할을 합니다.

목사란 사람의 영혼과 감정, 감성을 건드려야 합니다. 말씀을 이해하도록 풀어서 가르쳐야 하지만, 그것만으로 그치면 안 됩니다. 공감하게 해야 합니다. 그러려면 감성적 작업이 중요합니다. 이를 소홀히 하면 매너리즘에 쉽게 빠집니다. 매너리즘에 빠지면 어떻게 됩니까? 감성이 메마릅니다. 목사의 감성이 메마르면 그 건조함이 깃든 설교를 듣고 회중도 건조해집니다.

요즘 한국 교회 안에 무서운 것이 무엇입니까? 많은 것이 있지만, 그중 하나가 영적 무기력증입니다. 뭘 해도 재미가 없습니다. 교인들이 흥미를 느끼지 못합니다. 왜 그럴까요? 목사가 목회를 하며 즐겁지 않아서 그렇습니다. 목회에 흥미를 잃어서 그렇습니다. 목사에게 목회가 재미없어진다는 것은 굉장히 위험한 신호입니다. 목회가 주어진 일인데 그게 재미없으면 갈 곳이 없습니다. 그래서 요즘에는 목회에 지치고 힘들어 조기 은퇴하시는 분들이 많습니다. 그러나 우리는 목회의 즐거움을 찾아야 합니다. 다 하기 싫어도 설교는 하고 싶어야 합니다. 성경 보는 것이 재미있어야 합니다. 감성이 죽지 않도록 해야 합니다.

설교자의 태도는 사랑입니다

교인들을 사랑하는 마음이 있습니까? 신기하게도 교인들은 이것을 정확히 압니다. 어떤 목사는 상처가 많습니다. 사실 대부분의 목사들이 상처 입은 영혼들입니다. 그럼에도 이 길을 걸어가는 이유가 그 상처 때문인 경우가 많습니다.

그 복잡한 과거가 복음 안에서 완전히 치유된 뒤 목회를 하면 좋은데, 그렇지 않은 경우도 많습니다. 치유의 과정이 온전하지 않은 상태에서 목회를 하면 어떻게 될까요? 복음을 외치기가 어려워집니다. 말씀을 이야기하는데 교인들이 듣기에는 율법으로 들리는 것입니다. 왜냐하면 목사 자신도 모르게 상처의 쓴물이 설교 안에 들어가서 그렇습니다. 설교 안에 날카로운 칼날이 숨겨져 있어서 그렇습니다. 그래서 설교를 듣는 내내 교인들이 상처를 받습니다. 쓴물을 받아 마시고 힘들어 합니다. 목사는 "축복합니다" 하고 말하는데 성도들은 "저주합니다"로 듣고 있습니다.

온전히 치유된 사람이 복음을 이야기할 때는 전혀 반대의 결과가 나옵니다. "회개 안하면 죽어요!" 하고 외쳐도 사랑으로 들립니다. '아, 목사님이 우리를 너무 사랑하셔서 저렇게 말씀하시는구나' 합니다. 언어의 문제가 아닙니다. 설교자의 태도는 다음과 같아야 합니다.

첫째, 설교자에게는 아버지의 마음이 있어야 합니다. 이것은 긍휼입니다. 구약의 선지서를 읽어 보십시오. 선지자들이 부드럽게 이야기하지 않았습니다. 굉장히 날카롭게 외칩니다. 그런데 그 안에서 하나님의 사랑이 얼마나 강렬하게 느껴집니까? 아모스나 호세아를 보십시오. 그들이 백성들을 맹렬하게 공격하는 것 같지만 그 안에는 사실 복음이 있습니다. 결론은 사랑입니다. 목회자의 기본이 여기에 있습니다.

둘째, 겸손해야 합니다. 회중에는 다양한 사람들이 있습니다. 나보다 경험도 많고 지식도 많고 사회적 지위도 대단한 사람들이 많습니다. 그런데 목사가 청중을 무시하는 듯한 말투나 태도로 지식을 자랑하고 가르치려 들면 그 설교가 교인들에게 들어가겠습니까? 히브리어, 헬라어로 도배된 설교를 하면서 지적 교만에 빠져서야 되겠습니까? 평신도를 주눅들게 하려다 내가 망신을 당하는 일이 생깁니다. 교인들을 과소평가하지 마십시오.

셋째, 온유해야 합니다. 우리의 역할은 교인을 야단치는 것이 아닙니다. 왜 명령조로 거친 말을 하면서 노기를 드러냅니까? 왜 설교를 하면서 교인들을 향한 원망과 불평을 쏟아냅니까? 어떤 교인이 교회를 옮겨서 왔기에 물어보니 "그 교회 목사님은 자꾸 야단을 쳐요" 하더군요. 힘들게 일주일 살다가 지친 몸 끌고 교회에 왔는데 야단을 맞으니 갈 마음이 생기겠습니까? 물론 책망은 필요합니다. 그러나 그것이 영적 권위 안에서 하는 것이 아니라 개인적인 잔소리가 되면 안 됩니다. 그러면 상처를 입히는 칼날이 됩니다.

넷째, 열정이 있어야 합니다. 소리친다고 열정이 있는 것이 아닙니다. 요즘은 설교한다면서 소리만 지르면 교인들이 싫어합니다. '되게 시끄럽네' 합니다. 열정은 하나님 안에서 나와야 합니다. 설교에는 불이 있어야 합니다. 불이 없으면 식은 죽입니다. 식은 죽은 먹기는 쉽지만 맛은 없습니다. 하나님이 불을 붙여 주시는 것과 내 힘으로 소리를 지르는 것은 구별해야 합니다.

다섯째, 친근함으로 다가 가십시오. 존 맥아더는 "학자처럼 연구하고 친구처럼 설교한다"고 했습니다. 특히 현대 사회에서는 이것이 굉장히 중요합니다. 목사는 교인들에게 매력적이어야 하고 편안해야 합니다. 친화력이 있어야 합니다. 옛날에는 마치 영웅이 앞에 서서 웅변을 하듯이 설교했지만 지금은 그런 설교자에게 매력을 느끼지 못합니다.

그래서 요즘은 목사들이 마치 개인에게 일대일로 이야기를 하듯 설교를 합니다. 친근하게 소곤대듯이 다가갑니다. 사실 요즘엔 교회마다 음향 시스템이 너무 좋아져서 소리 지를 필요가 없습니다. 작게 이야기해도 말소리가 성전 끝까지 들립니다.

말을 할 때 표정도 부담스럽지 않게, 안정감 있게 다가가는 것이 좋습니다. 주일에 강단에 오른 목사님 얼굴을 봤는데 잔잔한 미소가 아니라 '썩소'를 보게 되면 설교에 집중이 안 되는 것입니다.

옷차림도 신경 쓰기 바랍니다. 멋있게 입으라는 것이 아닙니다. 적어도 내가 전달하는 메시지에 방해가 되지 않게 하라는 말입니다. 하나님 말씀에는 권위가 있는데 우스꽝스러운 옷차림으로 단에 서서야 되겠습니까?

여섯째, 진실하십시오. 끌리는 설교에는 진실성이 있습니다. 진실성이 있는 설교는 설득력이 있습니다. 그리고 이 진실성은 목사의 인격에서 나옵니다. 진실은 위장할 수도, 꾸며낼 수도 없습니다. 그래서 저는 설교자의 최고 무기는 진실성이 아닌가 생각합니다.

청중에 연연하지 마십시오

강단에 서면 간혹 교인들의 시선에 압도될 때가 있습니다. 교인들 중에는 은혜를 받고자 하는 태도가 아닌 사람들이 참 많습니다. 어떤 사람은 나를 쩨려보는 것 같습니다. 또 어떤 사람들은 눈을 감고 있습니다. 사실 이렇게 눈을 감고 있으면 이 사람이 어떻게 반응하는 것인지 알 수가 없어서 제일 무섭습니다. 어떤 사람은 억지로 끌려왔는지 얼굴에 '귀찮아, 싫어' 하는 말이 쓰여 있는 것 같습니다. 또 어떤 사람은 눈빛으로 '어디 한번 해 봐라, 들어나 보자' 하고 말하는 듯합니다. 또 어떤 사람은 어떻게든 꼬투리 잡으려고 기를 쓰고 듣습니다. 교회와 담임목사를 굉장히 날카롭게 비난하던 그 교인이 앉아 있을 수도 있습니다.

한번은 제가 설교 중에 헤밍웨이의 《노인과 바다》 이야기를 했는데, 교인 중에 그 책으로 박사학위를 받은 사람이 있더군요. 정말 큰일 날 뻔했습니다. 그 책 내용을 그냥 가볍게 다루고 넘어갔는데, 만약 그렇지 않았다면 얼마나 비웃음을 샀겠습니까?

그런데 그럼에도 설교자는 단에서 주눅 들면 안 됩니다. 설교자는 단에 서서 청중과 샅바 잡고 싸워야 합니다. 편 가르고 싸우라는 말이 아니라, 담대하라는 말입니다. 우리는 진리를 전해야 하는 사람입니다. 뭔가 우물쭈물하고 자신감이 없고 담대함이 없으면 두려움이 생깁니다.

두려움이 들어오면 교인들 반응을 신경 쓰게 됩니다. '과연 교인들이 내 설교에 온전히 반응할까? 제대로 된 설교로 그들에게 영향을 미칠까? 오늘 죽 쑤는 것 아닌가?' 하면서 두려움에 떠는 것입니다. 그래서 집회 첫날이 정말 힘듭니다. 얼굴이 하나같이 낯설고 반응도 뭔가 이상한 것 같습니다. 신학교 채플은 또 어떻습니까? 학생들이 다들 속으로 점수를 매길 것만 같아서 정말 설교하기 힘듭니다.

그러나 우리는 설교를 할 때 청중에 연연하면 안 됩니다. 두려움에 빠져 버리면 설교가 꼬입니다. 내가 무슨 말을 했는지도 생각이 안 나고, 머릿속이 하얘져서 계속 버벅거립니다. 한번 무너지면 계속 무너집니다. 그럴 때 우리는 이 두려움을 극복해야 합니다. 하나님의 말씀의 대언자로서 담대함을 가져야 합니다.

그렇다면 이 담대함이 어디에서 올까요? 나이에서 올까요? 제가 호주에 있을 때 어느 30대 젊은 목사를 만났는데 설교를 너무 잘해서 정말 놀랐습니다. 강단에 서면 아주 안정감이 있고 담대합니다. 그 비결이 뭘까 봤더니 그동안 철저하게 자기를 연마하며 쌓은 실력이었습니다. 그러니 사람들이 그의 나이를 잊고 권위를 인정하게 된 것입니다. 사도 바울도 디모데에게 "누구든지 네 연소함을 업신여기지 못하게 하고 오직 말과 행실과 사랑과 믿음과 정절에 있어서 믿는 자에게 본이 되어"(딤전 4:12)라고 말하지 않습니까?

설교자의 권위는 나이와 상관이 없습니다. 하나님의 말씀에 대한 철저한 준비에서 옵니다. 기도로 준비되고, 무엇보다 말씀 앞에 부끄럽지 않은 인격적 뒷받침이 있으면 권위가 생깁니다. 그리고 어디서도 주눅 들지 않는 담대함이 있으면 됩니다. 전문가들은 자기 분야에 있어서만큼은 어디서도 주눅 들지 않습니다. '여기 나보다 이 분야에 잘 아는 사람 있으면 나와 봐!' 하는 것입니다. 전문성이 있으니 담대한 것입니다. 주눅 들면 말씀의 선포에서 실패합니다. 그러니 청중이 어떨지 신경 쓰지 말고, 단 한 명의 청중이라도 그 사람을 위해 하나님의 말씀을 담대하게 선포하십시오.

Part 5.

목사로 살다

자기관리는
어떻게 할 것인가

chapter 13.

텅 빈 영혼,
영성으로 채웁시다

지금을 영성 시대라고 말합니다. 영성이 아니면 살 수 없다는 말입니다. 이것은 점점 종교화, 제도화되어 생명력을 잃어가는 교회의 현실에 대한 반작용이라고 볼 수 있습니다.

영성은 무엇입니까? 식물로 치면 뿌리 같은 것입니다. 겉으로 드러나지 않는 내용입니다. 사실 옛날 교회는 형식을 어느 정도 갖추면 그 안에 내용도 있었습니다. 그래서 내용이 중요한 줄 몰랐습니다. 그런데 이제는 내용이 없습니다. 그러면서 껍데기만 남았습니다. 예배는 여전히 변함없는 순서로 드려지는데 감동이 없는 것입니다.

더 이상 껍데기로는 안 됩니다. 영성을 다뤄야 합니다. 이것은 누구나 느끼는 것입니다. 우리는 지금 형식이 아닌 영성의 갈망 가운데 있습니다. 직분도 중요하지 않습니다. 과거에나 영광이었지 요즘은 아무리 직분을 준다고 해도 오히려 거절합니다. 껍데기뿐인 직분 받아 봐야 부담만 된다는 것입니다. 아무리 화려하고 세련된 프로그램을 해도 안 먹힙니다. 알맹이가 없으니 감동도 없습니다.

지금 우리에게 중요한 것은 무엇을 하느냐가 아닙니다. 지금 강단에 서 있는 사람이 누구인가가 중요합니다. 이런 때일수록 목사는 자신의 영성을 중요하게 다뤄야 합니다. 사실 목회라는 일이 얼마나 어렵습니까? 스트레스가 이만저만이 아닙니다. 정신없이 시간들을 보내다 보면 압력이 금방 찹니다. 그러면 주님과의 관계 안에서 해갈하는 시간이 필요합니다. 우리 안에 있는 두려움, 불안들을 하나님 안에서 녹여 내야 합니다. 이것은 내가 할 수 있는 일이 아닙니다. 주님만 의지하고 계속해서 그분 앞에 나갈 때 주님이 해주시는 것입니다.

영성을 돌보는 일은 목양보다 어렵습니다

그동안 우리는 어떻게 살아왔습니까? 경제성장을 위해 입에서 단내가 나도록 일했습니다. 무엇이든 주어진 일은 열심히 하는 것이 미덕이었습니다. 그런데 그렇게 열심히만 달려왔더니 중년이 넘어 인생에 허무가 찾아왔습니다. 뭔가 있는 줄 알고 옆도 뒤도 안 돌아보고 앞만 보고 왔는데 아무것도 없습니다. 그러니 이제는 "열심히 하면 됩니다"라는 말이 통하지 않습니다.

그래서 요즘 사람들은 인문학에 관심이 많습니다. 허무한 내면에 뭔가를 채우려는 것입니다. 겉으로는 잘 먹고 잘 살고 화려한 인생인 것 같지만, 안으로 들어가 보면 공허한 것입니다. 내용은 없고 껍데기만 남았습니다.

지금 한국 교회가 그렇습니다. 요즘 새벽기도, 부흥회, 철야기도회 안하는 곳이 많습니다. 왜 안합니까? 사람들이 안 모이니 그렇습니다. 왜 안 모입니까? 지금 내가 은혜 받는 목사님 설교는 인터넷에 있으니 그렇습니다. 교회 안에 내용이 없고 껍데기만 남은 것입니다.

그렇다면 우리가 채워야 하는 내용이 무엇입니까? 바로 목사 자신입니다. 사람들은 이제 교회가 크다고 오지 않습니다. 큰 집회를 연다고 오는 것도 아닙니다. 영향력 있는 목사가 있으면 옵니다. 설교에 생명이 흐르면 그 은혜를 현장에서 받기 위해 옵니다. 이제 우리에게 중요한 것은 '무엇을 하느냐'가 아니라 '여기 목사는 진짜냐?'입니다.

끊임없이 영성을 추구하는 삶을 살지 않으면 목회는 치고 들어가지 못합니다. 그러다 보면 사건 사고가 터집니다. 훌륭해 보였던 리더들이 알고 보면 심리상태가 불안하고, 목사들도 엄청난 압박과 스트레스로 고통받으면서 사고를 칩니다.

목사가 왜 교회에서 사고를 칩니까? 겉으로는 괜찮아 보이는데 안으로 보면 아무것도 없어서 그렇습니다. 영혼이 텅 빈 상태인 것입니다. 자신의 영혼을 돌보지 않았기 때문입니다. 사도 바울은 "내가 내 몸을 쳐 복종하게 함은 내가 남에게 전파한 후에 자신이 도리어 버림을 당할까 두려워함이로다"(고전 9:27)라고 했습니다. 얼마나 헌신적인 삶입니까? 하나님께 자기 자신을 던졌습니다. 그런데 이런 이야기는 자기 영혼을 깊게 들여다보지 않으면 할 수 없습니다.

사실 내 영성을 돌보는 일은 목양보다 어렵습니다. 성도들과 함께 일하면서 강단에 서서 설교하면 신납니다. 사역의 열매가 겉으로 주렁주렁 열리다 보면 사도 바울의 고백과 같은 이야기가 안 나옵니다. 나조차도 속는 것입니다. 그럴 때 우리는 선 줄로 여기면 안 됩니다. '이만하면 성공했다'는 생각이 얼마나 위험한지 알아야 합니다. 겉으로 드러나는 열매가 많든 적든 우리는 내 영혼을 들여다보는 일을 가장 우선적으로 해야 합니다.

하나님과 열린 관계를 추구하십시오

기름부으심이 있는 예배를 경험해 본 것이 언제입니까? 하나님의 깊은 임재 가운데 나아가는 예배를 언제 드렸습니까? 어떤 목사는 예배를 드리는데 기도시간에 기도를 안 합니다. 형식은 알겠는데 영이 텅 비어 기도가 나오지 않는 것입니다. 진정한 예배를 경험하지 못하니 흉내만 내는 것입니다. 그러나 바알의 제단에서는 아무리 부르짖어도 아무 일도 일어나지 않습니다. 짐승의 냄새에 벌레들만 달라붙습니다. 불이 임하지 않아서 그렇습니다.

한국 교회, 얼마나 열심히 달려왔습니까? 열심 하면 한국 교회 아닙니까? 그런데 그 열심히 하던 교인들 다 어디 갔습니까? 겉은 불타는데 안이 비면 금방 사그라집니다. 한때 불 받은 것으로 끝나면 안 됩니다. 지속적으로 태울 재목이 필요합니다.

그러기 위해 우리는 매일 하나님의 음성을 들어야 합니다. 하나님은 대변인으로서 오염되지 않은 음성을 흘려보낼 종을 찾습니다. 그래서 우리는 목회를 일로서 접근하면 안 됩니다. 서둘러서도 안 됩니다. 빠른 승산을 보려고 하는 것은 망하는 지름길입니다. 빠르게 문제를 해결하려는 게 뭡니까? 무당들이 하는 굿 아닙니까? 한 판 굿으로 끝장을 보겠다는 심보입니다. 그러나 중요한 것은 속도가 아니라 방향입니다. 하나님과 얼마나 꾸준히 열린 관계를 맺어 가느냐입니다.

그러기 위해 우리는 메시지를 들을 때 하나님의 관점으로 사물과 목회를 들여다보고 인도하려는 태도를 가져야 합니다. 하나님의 생각과 지각으로 해석하려고 애를 써야 합니다. 완전하지는 않지만, 그렇게 하다 보면 영성에 도움이 됩니다.

치열한 현실과 조금 거리를 둘 필요가 있습니다. 요즘에는 목회자들이 일중독에 빠져 있습니다. 워커홀릭이 되어서 자녀도 돌보지 않고 가정이 깨져도 그냥 둡니다. 그러니 교인들이라고 교회 와서 평안할 수 있습니까? 목사들이 벌여 놓은 프로그램과 행사에 따라다니면서 일하느라 바쁩니다. 목사든 교인이든 교회가 정신이 없습니다. 사람은 별로 없는데 전교인이 직분을 맡고 일을 하니 피곤에 찌들어 있습니다.

그런데 일중독의 내면에는 불안함이 있습니다. 불안함의 배후는 열등감입니다. 그래서 쉬라고 해도 관성이 있는지 또 나가서 일을 합니다. 물론 누군가는 일을 해야 합니다. 그러나 내 영적 상태를 살피면서 하십시오. 뭔가에 쫓기면서 하고 있다면 그냥 내려놓으십시오. 조급증은 영성에 도움이 안 됩니다. 여유를 갖고 사색을 즐길 줄 알아야 합니다. 그렇지 않으면 속 빈 강정이 되고 맙니다. 빈털터리가 됩니다.

하나님과 열린 관계를 맺기 위해 우리는 하나님 앞에 머물러 있는 시간이 필요합니다. 그리고 기다리는 것입니다. 기다림의 영성입니다. 기다리는 사람에게 말씀이 오고 음성이 옵니다. 그래서 묵상과 기도의 핵심은 결국 기다림입니다. 이것은 곧 모든 때는 하나님의 손에 있다는 사실을 인정하는 것입니다. 우리는 어떤 것도 주장할 수 없습니다. 다만 기도를 하다 보면 하나님의 시간, 카이로스의 순간에 일이 일어납니다.

때로는 하나님이 계시지 않은 것 같은 침묵의 시간이 옵니다. 나를 버리신 것 같은 순간도 옵니다. 그러나 그 순간들을 통과하는 것이 영성입니다. 인생이 늘 장밋빛 같겠습니까? 냉혹하고 거칠고 어려운 곳을 통과해야 할 때도 있습니다. 오히려 하나님 앞에서 다듬어지지 않은 사람이 하나님의 일을 하면 위험해집니다. 그것은 폭력이 되고 흉기가 됩니다. 각자의 비즈니스를 하게 됩니다.

교인에게도 마찬가지입니다. 고통의 순간을 맞은 교인과 같이 있어 주고 그 고통을 공감하며 함께 카이로스의 시간을 기다려 주어야 합니다. 답을 내 주면서 빨리 고통을 면하게 해줄 것처럼 하는 것은 사기 치는 것입니다. 하나님이 우리 인생을 어떻게 이끌어 가실지는 아무도 모릅니다. 그것은 하나님만 아십니다. 모세도 광야에서 40년을 기다렸습니다. 39년 11개월 동안 아무 일도 일어나지 않았습니다. 그 시간은 모세에게 있어 불순물을 걸러 내는 시간이었습니다. 우리 안에는 생각보다 굉장히 많은 불순물이 있습니다. 모세에게 그 시간이 있었기에 홍해가 갈라질 수 있었습니다.

내 내면의 불순물을 보는 방법이 있습니다. 말씀의 거울에 비춰 보는 것입니다. 우리는 스스로를 잘 알고 있다고 생각하지만 사실 사람은 자기 모습을 정확히 볼 수 없습니다. 내가 나를 정확히 볼 수 있다고 생각하는 것은 큰 착각입니다. 그 착각 때문인지 요즘은 사람들이 회개 기도를 잘 못합니다. 스스로를 볼 수 있는 시력이 현저하게 떨어져 있습니다. 특히 목사들은 남을 보고 평가하고 판단하는 데는 굉장히 발달해 있는데 자신을 바라보는 눈은 매우 어둡습니다. 이때 우리에게는 말씀과 기도의 거울이 필요합니다.

또한 기득권을 주장하지 말고, 매너리즘에 빠지지 마십시오. 매너리즘은 영성의 큰 적입니다. 스캇 펙(Scott Peck)은 "타락보다 무서운 것이 매너리즘이다"라고 했습니다. 타성에 젖기 때문에 그렇습니다. 그러면 어떤 변화도 일어나지 않습니다. 그냥 지금이 편하고 익숙하니까 눌러앉아 버립니다.

사도 바울의 영성이 뭡니까? 계속해서 움직이고 개척하고 떠나는 것이었습니다. 그는 그 어떤 기득권도 주장하지 않았습니다. 그런데 뭔가에 집착하면 문제가 생깁니다. 이 집착에서 벗어나려면 내면을 채워야 합니다. 하나님과 바른 관계를 맺으면서 나를 다듬다 보면 내면이 풍성해집니다. 그러면 껍데기가 아니라 내용을 가지고 바르게 목회할 수 있습니다. 필요한 것들은 하나님이 채우십니다. 그러나 내가 붙들려고 애쓰면 어려움에 빠질 수 있습니다.

교회를 성장시키는 일을 내가 한다고 해서 되겠습니까? 죽도록 고생하면 어느 정도는 될 수도 있습니다. 그러나 인간이 세운 것은 무너지게 되어 있습니다.

힘을 빼야 합니다

내가 뭔가 할 수 있다고 생각하면 아직 아닌 겁니다. 정말 나는 아무것도 할 수 없다는 고백이 깊은 곳에서부터 터져 나와야 합니다. 그러니까 영성은 점점 약해지려는 데서 나옵니다. 약할 때 강함 되신다고 한 사도 바울의 고백처럼 말입니다. 내 약함을 통해 하나님의 강함이 나타나는 것입니다.

그러니 우리는 힘을 빼야 합니다. 왜 교회마다 갈등이 많습니까? 힘은 또 다른 힘을 부르고, 칼은 또 다른 칼을 부르기 때문입니다. 상대가 강하게 나오면 한없이 약해지십시오. 그게 답입니다. 예수님도 자신을 체포하러 병사들이 왔을 때 베드로가 칼을 꺼내자 "네 칼을 도로 칼집에 꽂으라 칼을 가지는 자는 다 칼로 망하느니라"(마 26:52)라고 말씀하셨습니다. 내가 힘을 완전히 빼 버리면 상대가 싸울 수 없습니다. 싸움이 안 됩니다. 물론 불의와 싸울 때는 힘이 들어가야 합니다. 하지만 요즘 한국 교회 안에서 일어나는 싸움은 대부분 불필요한 싸움입니다. 이는 에너지를 소모시킵니다.

사랑할 때는 힘을 빼야 합니다. 아기를 안을 때도 힘을 빼고 안아야지 힘을 세게 주면 아기가 죽을 수도 있습니다. 예수님도 종교지도자들에게는 누구도 함부로 하지 못하게 강하게 나가셨지만 아이들에게는 온유함 그 자체였습니다. 그런데 예수님께 다가오는 아이들을 누가 막습니까? 제자들입니다. "애들은 딴 데 가서 놀거라. 이 분이 누구시라고 감히!" 하는 것입니다. 힘이 들어가면 이렇게 됩니다. 제도화되는 것입니다.

교회의 원리는 사랑입니다. 힘을 빼는 것입니다. 점점 약해지는 것입니다. 그러나 우리는 힘을 스스로 통제할 능력이 없습니다. 누구나 힘 있는 자리에 가면 그 힘을 쓰고 싶어 합니다. 그래서 영성이 필요합니다. 점점 약해지는 영성으로 힘을 제어해야 합니다. 그래야 힘 앞에서도 변하지 않을 수 있습니다. 역사도, 국가도 힘이 없어서가 아니라 힘이 있어서 망했습니다.

저 역시 내가 힘을 줘서 뭔가를 했던 것은 다 실패했습니다.

그런데 욕심이나 힘은 내려놓고 하나님께 전적으로 의탁할 때 많은 일이 이루어졌습니다. 그래서 이제는 힘을 안 줍니다. 오히려 굉장히 자유롭습니다. 혹시 누가 옆에서 힘쓰려고 폼 잡고 있습니까? 비판할 것도, 비난할 것도 없습니다. 그냥 '얼마 안 남았구나' 생각하면 됩니다. '곧 망하겠구나' 생각하면 됩니다.

내 마음을 살피십시오

신앙생활을 하면서 스스로 마음을 살피는 것은 매우 중요합니다. 성공을 해도 마음을 잃어버리고 깨지기 쉽습니다. 잠언에도 "모든 지킬 만한 것 중에 더욱 네 마음을 지키라 생명의 근원이 이에서 남이니라"(잠 4:23)라는 정말 중요한 구절이 있습니다. 그만큼 우리는 마음 돌보기를 게을리해서는 안 됩니다.

마음을 지키기 위해서는 어떤 일들에 대한 내 행동을 자세히 들여다봐야 합니다. 내가 왜 이런 행동을 하려고 하는지 그 출처를 빠르게 깨달아야 합니다. 좋은 의미로 일하는 것 같지만 자세히 보면 잘난 척, 허세, 위선일 때가 있습니다. 예수님이 종교지도자들을 신랄하게 공격하신 이유도 여기에 있습니다. 겉으로는 거룩한 척하지만 정작 마음은 악하고 더러운 것으로 꽉 찬 것입니다. 멋지게 위장을 하면서 사는 것입니다. 예수님은 그들에게 '회칠한 무덤'이라고 하셨습니다(마 23:27).

혹시 목회를 하면서 외적인 행동으로 사람을 움직이려 합니까? 마음은 언젠가 드러나게 되어 있습니다. 숨긴다고 숨기는데 잘 안 되는 것입니다. 교인들은 목사의 마음을 압니다. 그 심장에 무엇이 있는지 너무 잘 압니다. 위장하지 마십시오. 갈증으로 찾아온 사람에게 물을 줘야지, 콜라나 음료수로는 오히려 갈증을 더 일으킵니다. 물 흐르는 소리만 들려준다고 해결되지도 않습니다.

우물을 파야 합니다. 바로 말씀의 우물, 묵상입니다. 그 우물은 내가 직접 파야 합니다. 영성은 확장이 아니고 깊이 파고 들어가는 것입니다. 영성의 폭은 묵상의 폭입니다.

묵상 시간을 늘리려면 목사가 분주해서는 안 됩니다. 너무 재미있는 것 찾아다니지 마십시오. 요즘 세상에는 재미있는 것이 많지만 혼자 시간을 보내며 고독을 삼켜야 합니다. 결국 그 시간이 나를 변화시키고 성숙시킬 것입니다.

우리는 하나님과 더 친밀한 관계로 나가야 합니다. 내 영혼이 부요하고 풍성해지면 그 안에서 흘러나오는 것들이 사람들의 심령을 적셔 나갈 것이고, 거기서 일어나는 조금씩의 변화가 나를 통하여 흘러가는 역사가 있게 될 것입니다.

chapter 14.

지성, 감성,
5력이 필요합니다

목회는 점점 더 힘들어질 겁니다. 향후 10년 한국 교회는 또 다른 어려움에 빠질 수도 있습니다. 경제적 압박도 만만치 않습니다. 인구는 줄어드는데 고령화는 심각해집니다. 이런 사회적 위기를 절감하는 곳이 교회입니다. 교회에 젊은이들은 없고 점점 고령화되고 있습니다. 다음 세대에 대한 희망이 없습니다. 대학도 신학과는 점점 더 인기가 떨어집니다.

이제는 그냥 되는대로 목회하면 안 됩니다. 본질을 붙잡고, 낙심하지 말고, 복음에 집중력을 가지고, 진리의 진검 승부를 내는 기본기를 준비해야 합니다. 영성과 지성과 감성의 밸런스를 잘 맞추어서 균형 잡힌 목사가 되어야 합니다. 복음 때문에 행복합니까? 예수 그리스도 안에서 참된 자유를 누리고 있습니까? 그분이 내 삶을 움직이고 있는 것을 느낍니까? 내가 경험해 보지 않은 진리의 세계를 다른 사람에게서 이끌어낸다는 것은 불가능합니다. 지식만 가지고 이야기한다면 사람들이 감동하지 않습니다.

설교를 잘하는 목사는 많습니다. 그런데 왜 사람들이 모이지 않습니까? 복음 안에서 부딪히고 자기가 살아 낸 경험이 없기 때문입니다. 말로 되는 것이 아닙니다. 군더더기를 다 걷어내고 제대로 된 내용을 붙잡고 승부를 걸어야 합니다. 능력이 있어야 합니다.

공부하는 목사가 되십시오

교인들은 강단에서 던져지는 메시지에 많은 것을 기대합니다. 수준 있는 설교를 원하는 것입니다. 미국의 팀 켈러 목사가 각광받는 이유가 뭘까요? 그는 변증적 설교를 합니다. 탄탄한 지성으로 무장해서 젊은이들에게 어필합니다. 뉴욕 한가운데서 젊은 복음이 귀에 들리도록 하고 있습니다.

목사는 한평생 공부하는 학생으로 살아야 합니다. 리더란 학습하는 자입니다. 나이와 상관없이 계속 공부를 하면 해마의 신경세포가 계속 증식한다고 합니다. 뇌는 쓸수록 쇠퇴하지 않고 좋아지는 것입니다. 그리고 어떤 임계점에 도달하면 그 영향력이 폭발적으로 일어납니다.

중요한 것은 목사의 공부는 독학이라는 것입니다. 목사는 주도적으로 공부해야 합니다. 누구에 의해서 하는 공부가 아닙니다. 필요를 느끼고 내가 스스로 공부할 때 그것이 진짜 공부가 됩니다. 독학은 교실에서 하는 공부와 다릅니다. 모든 시간, 장소, 삶의 모든 영역이 학습의 장이 됩니다. 선생님이 따로 있는 것도 아닙니다. 누구를 만나든, 어린아이라도 선생님이 될 수 있습니다.

결국 우리 삶은 입력하고, 숙성시키고, 출력하는 과정입니다. 좋은 것을 출력하려면 좋은 것을 입력해야 합니다. 예를 들면 독서입니다. 책을 읽을 때도 그냥 읽지 마십시오. 생각 없이 반복해서는 안 되고 열심히만 해서 되는 것도 아닙니다. 끊임없이 변화하는 사회, 문화, 사람들의 생각 등을 우리는 계속해서 읽어 내야 합니다. 그렇지 않으면 사람들은 교회에 왔다가 곧 떠납니다. 건질 것이 없는 것입니다. 요즘엔 어딜 가나 인문학 강의를 듣습니다. 문제는 그런 강의들에 사람을 움직이는 힘이 있다는 것입니다. 교인들이 설교보다 차라리 거기에서 삶의 해답을 얻고 있다면 그만큼 참담한 일은 없을 것입니다.

목사가 지성이 너무 얕으면 안 됩니다. 우리는 계속해서 공부하고 생각의 힘을 기르는 작업을 해야 합니다. 성경의 세계로 들어가서 수천 년 역사 속에서 일어난 일들을 계속 읽어 나가야 합니다. 특별히 목회를 오래 하려면 이 부분을 놓치면 안 됩니다. 성경이 이렇게 두꺼운데 1~2년 설교하고 나니 할 이야기가 없으면 되겠습니까?

책을 읽는 사람과 읽지 않는 사람의 차이는 시간이 지나면서 현격하게 벌어질 것입니다. 지금은 큰 차이가 없습니다. 그러나 10년, 20년 지나 보십시오. 그런 사람들은 모든 세대를 아우를 수 있는 설교의 깊이가 생깁니다. 목회의 스펙트럼이 달라지는 것입니다. 그때가 돼서는 아무리 노력해도 그 차이를 따라잡을 수 없습니다. 세월을 두고 쌓아 왔던 독서량, 공부의 태도, 학습의 능력을 무슨 수로 따라잡겠습니까?

고독의 방을 만들어서 스스로를 밀어 넣어야 합니다. 외로움의 값을 지불하십시오. 그리고 쌓은 지식을 지혜로 전환하는 데 힘을 쏟으십시오. 교인들은 설교를 통해 정보나 지식이 아니라 지혜를 얻고자 합니다. 이것은 목사의 지성의 몫입니다.

감성을 키우십시오

요즘 뭘 하나 사더라도 생각할 게 많습니다. 사회가 복잡해지고 선택할 것이 많아졌습니다. 그러다 보니 사람들은 풍요 속에 지쳐 갑니다. 이렇게 피로한 사람들을 모아 놓고 교회도 똑같이 하면 안 됩니다. 사람들은 감동을 원합니다. 뭉클하고 찡하고 가슴 뛰는 것들을 요구합니다. 교회에 왔는데 세상과 다를 것 없이 황폐하고 삭막하면 매력을 못 느낍니다.

교회가 행복하려면 목사의 감성을 키워야 합니다. 사람들의 감성을 터치할 수 있어야 합니다. 사람들이 "와!" 하고 감탄할 수 있게 해야 합니다. 교회 안에 기쁨과 웃음과 환호성이 있어야 합니다. 기대감이 하나도 없는 지루하고 뻔한 교회는 사람들이 시간 때우러 옵니다. 예배가 길게 느껴져서 설교 내내 시계만 봅니다.

물론 사람들의 감성을 터치하는 일은 만만치 않습니다. 요즘 사람들은 쉽게 웃지 않습니다. 아무리 재미있는 개그 프로그램을 봐도 웃지 않습니다. 교회에 와서도 경직되어 있습니다. '아멘'도 안 합니다. 감성이 메말랐습니다. 그야말로 위기입니다. 그렇다 보니 한국 사람들의 행복지수도 낮습니다. 이걸 어떻게 끌어올릴 수 있을까 고민해야 합니다. '어떻게 하면 교인들의 마음 깊은 곳을 어루만질 수 있을까', '어떻게 하면 교인들의 눈에서 눈물이 흐르고 기쁨이 넘치게 할 수 있을까' 고민해야 합니다.

그런데 더 큰 문제가 뭔지 아십니까? 목사도 목회를 하다 보면 감성이 메말라 버린다는 것입니다. 성장해야 한다는 부담감, 현상 유지를 해야 한다는 압박에 시달립니다. 매일을 긴장감 속에서 삽니다. 그러면 나도 모르게 지치고, 감성이 마르고, 웃음이 없어지고, 얼굴이 어두워집니다. 이것을 극복해야 합니다.

감성이 사람을 움직입니다. 감동이 되면 저절로 움직이는 것입니다. 감성적 터치가 있으면 춤도 춥니다. 그러니 세상 기업들도 목숨걸고 감성을 붙듭니다. TV 광고를 보십시오. 사실 나이 많은 사람들은 잘 이해가 안 되는 광고도 있습니다. 그런데 젊은 사람들은 딱 보면 느낌으로 압니다. 감성적 터치를 하는 것입니다. 과거에는 냉장고 하면 튼튼하고 오래 쓰고 기능 좋으면 그만이었습니다. 공장에서 찍어 내는 몇 가지 디자인으로도 충분히 장사가 됐습니다. 그런데 요즘은 디자인이 달라졌습니다. 컬러만으로 주부들에게 감동을 주기도 합니다. 물건을 팔 때도 구매자의 감성적 터치가 중요해졌기 때문입니다.

그렇다면 목사로서 감성을 키우기 위해 어떤 노력을 합니까? 소설이나 시집을 읽으십시오. 쉬는 날엔 가끔 영화나 연극 관람도 하고, 산책을 하고, 음악을 들으십시오. 비목회적 생활인 것 같습니까? 그렇지 않습니다. 직장 다니듯이 교회 다니면 안 됩니다. 그러면 설교도 목회도 메마릅니다. 교인들이 목사를 만나는데 긴장을 하면 안 됩니다. 감성 지수가 떨어지면 목회 전반에 위기가 옵니다.

감성 지수를 올리려면 목사가 행복해야 합니다. 사도 바울을 보십시오. 그는 감옥 안에서 기쁨과 감사의 고백을 합니다. 어떻게 그런 환경에서 그런 고백이 나옵니까? 매일 주님 안에서 감성적 터치가 있는 것입니다. 목사가 위기 속에서도 기쁨으로 찬양하는 모습을 보며 교인이 희망을 얻어야 합니다. '그래도 주 안에서 살아가면 어려워도 소망이 있구나' 하는 것을 느껴야 합니다.

아무리 힘들고 어려워도 기뻐할 이유를 찾아내기 바랍니다. 하나님 백성들만 알 수 있는 비밀이 여기에 있습니다. 환란 중에도 기뻐할 이유를 찾을 수 있습니다. 외적 요소 때문이 아니고 하나님 안에서, 복음 안에서, 절대 진리 안에서 우리는 소망을 가질 수 있습니다. 복음의 능력과 영광을 믿기 때문입니다. 아무리 삶이 무너져도, 눈에 보이는 것이 없어도 하나님이 이루실 것을 기대하는 마음이 우리 안에 있어야 합니다.

5력(力)이 필요합니다

균형 잡히고 행복한 목회를 위해 우리에게 다섯 가지 능력이 필요합니다.

첫째, 통찰력입니다. 현대 사회는 분석과 평가는 아주 잘하지만 통찰력이 부족합니다. 정보와 지식, 재능만으로는 안 됩니다. 가장 무서운 사람이 책 한 권만 읽고 그게 다인 줄 아는 사람입니다. 한 쪽에서만 보는 것입니다. 시야가 너무 좁습니다. 그런 사람들은 굉장히 좁은 세계 속에 갇혀 있는 경우가 많습니다. 그러나 우리는 통합적 사고를 가져야 합니다. 시야를 키워야 합니다. 정면에서 보면 삼각형인데 위에서 보면 전혀 다른 모양이 보일 수 있습니다.

목회를 하다 보면 직관력이 있어야 하는데, 이건 통찰력으로부터 옵니다. 급박한 순간에 중요한 결정을 해야 하는데 교과서 몇 페이지 찾고 있으면 어떡합니까? 문제가 터졌을 때는 직관력이 있어야 빠른 결정을 내릴 수 있습니다. 그런데 좁은 세계 속에 파묻혀 있으면 큰 그림을 볼 수 없습니다. 그러면 실수를 합니다.

통찰력은 사물과 사건을 꿰뚫어 보는 힘입니다. 우리 교회 상황을 정확하게 관통하여 보는 것입니다. 그뿐만 아니라 세계 교회, 국가, 도시의 상황을 보고 그 안에 있는 우리 교회의 현재를 보며 문제를 찾아내는 것입니다. 물론 이렇게 문제를 봤다 하더라도 한순간에 바꿀 순 없습니다. 사람도 순간에 바꿀 수 없지 않습니까? 전통적 교회, 이미 대형화된 교회를 무슨 수로 단숨에 바꾸겠습니까?

단순히 교회 성장 세미나에 참석한다고 바뀌는 것이 아닙니다. 전체를 보는 눈이 필요합니다. 고민을 많이 해야 합니다. 'work hard'가 아니고 'think hard'가 되어야 합니다. 그렇지 않으면 몸만 고생합니다. 목사가 바른 통찰력으로 한 걸음 한 걸음 밟아 가다 보면 조금씩 바뀔 수 있습니다.

통찰력은 다른 말로 지혜입니다. 지혜서인 잠언은 지혜를 그리스도라고 말씀합니다. 즉 지혜는 하늘로부터 오는 것입니다. 이것은 세상의 지혜와는 비교할 수 없습니다. 그 하늘의 지혜를 우리가 받아야 합니다. 목회는 내 생각이 아니고 하나님의 생각을 빌려 오는 것입니다. 그분은 탁월하십니다. 또 무궁하십니다.

둘째, 창의력입니다. 하나님의 생각을 빌려 오면 목회 현장에 새로운 변화들이 일어나는데, 그게 창의력입니다. 이 창의력은 사실은 갑자기 일어난 기발할 아이디어가 아닙니다. 수천 년을 거슬러 온 것입니다. 창의력의 원천은 하나님이십니다. 그래서 우리가 성경을 읽고 고전을 읽는 것입니다. 그 속에 기가 막힌 보석이 숨겨 있습니다. 그러면 제도도 바꿔볼 수 있습니다. 성경 어디에도 지금과 같은 예배 순서는 없다는 걸 알면 전혀 색다른 예배를 기획해 볼 수도 있습니다. 재직회의도 샌드위치에 커피 한 잔을 하면서 할 수 있습니다. 전혀 다른 방법으로 접근해 봐야 합니다.

셋째, 집중력입니다. 창의력은 집중력에서 나옵니다. 사역은 집중력을 가질 때 열매를 맺을 수 있습니다. 그러나 집중력을 잃어버리면 재능과 힘을 낭비하게 됩니다. 에너지는 많은데 좋은 결과를 얻지 못하는 이유는 집중력의 부족 때문이지 재능 부족이 아닙니다.

한국 교회는 무엇을 너무 많이 하려다가 예배를 잃어버렸습니다. 조직이 무겁습니다. 산만하고 집중력이 없습니다. 이제 단순화를 시켜야 합니다. 핵심 사역만 해야 합니다. 어쩌면 지금 우리가 서 있는 곳은 벼랑 끝자락일 수 있습니다. 두 마리 토끼를 다 잡을 수는 없습니다. 몇 가지를 선택해야 합니다. 집중해야 합니다.

넷째, 돌파력입니다. 요즘은 안전한 곳이 없습니다. 사회 전체가 끊임없이 진화해 가면서 모든 영역에서 한계점을 맞이했습니다. 쉬운 영역이 없습니다. 그러면 이 한계의 상황에서 누가 벽을 뚫고, 장애물을 뚫고 가겠습니까?

우리에게는 모험이 필요합니다. 언제나, 어디나 벽은 있습니다. 이 경계선을 넘는 시도가 필요합니다. 그 모험을 위해 발을 뗄 수 있는 비결은 바로 믿음입니다. 믿음은 용기입니다. 배

짱, 담력이라고 표현할 수도 있습니다. 믿음은 남들이 시도하지 않는 영역에 부딪혀 보는 것입니다. 존 파이퍼의《모험이 답이다》라는 책이 있습니다. 모험하지 않으면 아무 일도 일어나지 않습니다. 그대로 죽는 것입니다. 현상 유지를 벗어나려면 모험을 해야 합니다. 우리의 삶은 현상 유지가 목적이 아니지 않습니까? 배는 항구에 정박하려고 만든 게 아니고 거친 바다로 나가기 위해서 만든 것 아닙니까? 모험하지 않으면 위기를 맞습니다. 가만히 있어도 위기고 모험해도 위기라면, 후자에 걸어야 하지 않겠습니까.

물론 모험하다가 실패할 수 있습니다. 그러나 실패는 한 번의 경험입니다. 경험한 만큼 능력치가 쌓이는 것입니다. 저 역시 모험한 순간이 인생에 남았습니다. 인생을 복되게 만들었던 순간은 전부 다 모험했을 때입니다.

모든 사람이 안 된다고 할 때 나도 안 된다 하면서 앉아 있으면 역사는 일어나지 않습니다. 진짜 안 되는 게 맞는지는 해 봐야 아는 것입니다. 우리에게는 복음이 있습니다. 영원히 변치 않는, 유일한, 세상 모든 영혼을 구원해 낼 수 있는 진리가 있습니다. 움츠러들지 마십시오. 한계를 넘어 봐야 합니다. 어렵지 않은 시대는 없었습니다. 10년 후, 20년 후는 괜찮을까요? 어려울 것입니다. 지금보다 더 어려울 수 있습니다. 그러나 난세에 영웅이 난다고, 어려운 시대마다 돌파하고 통과한 사람이 있었습니다. 지금 한국 교회에 그 돌파력이 필요합니다.

다섯째, 지구력입니다. 요즘 목회는 버티는 힘이 필요합니다. 어렵다고 쉽게 끝내 버리면 안 됩니다. 어려워도 계속 하는 것이 능력입니다.

알베르 카뮈의 《시지프의 신화》에 보면 주인공은 끊임없이 산을 오르내리기를 반복합니다. 올라갈 때는 희망이 있습니다. 뭔가 나아질 거라는 기대감을 품습니다. 그런데 내려올 때는 절망입니다. 사실 이게 굉장한 고문입니다.

버틴다는 것은 막연하게 기다리는 수동적 태도가 아닙니다. 능동적으로 준비하는 것입니다. 이 버팀은 아무나 할 수 있는 것이 아닙니다. 이를 악무는 자기 노력으로 되는 것도 아닙니다. 사실은 하나님의 은혜가 버티게 하는 것입니다.

목회는 평생 하나님의 부르심에 따르는 것입니다. 잠깐 하다 길이 안 보인다고 그만 둘 수 없습니다. 이 길이 내 길이라면 묵묵히 가야 합니다. 하기 싫고 힘들어도 버텨 내는 시간을 통해 순종과 복종을 배울 수 있습니다. 쉽게 포기하지 마십시오. 결국 궁극적 승리를 믿는 이유는, 우리의 끝은 하나님이 쥐고 계심을 믿기 때문입니다. 끝까지 견디는 자가 이기는 자입니다. 견딤의 영성도 하나님의 은혜 안에서 채워 나가게 될 줄로 믿습니다.

chapter 15.

주일과 주일 사이,
어떻게 살고 있습니까

유진 피터슨의 《주일과 주일 사이》라는 책이 있습니다. 목사들이 주일에 얼마나 에너지를 쏟습니까? 설교를 하고 회중을 만나고 다양한 일을 합니다. 그런데 그 후에 다음 주일까지 목사의 일상은 어떤지를 묻는 것입니다.

사실은 이것이 목회의 중요한 부분들을 결정합니다. 목사는 사람들이 다 보는 자리에서 드러난 사역을 합니다. 그러나 무대의 커튼이 쳐진 후 월요일 아침의 민낯은 목사 자신만 볼 수 있습니다. 문제는 목회를 하면 할수록 포장 기술이 늘어난다는 것입니다. 나를 포장합니다. 그러다 보면 내 진짜 모습을 나도 잊어버릴 수 있습니다. 따라서 우리는 월요일 아침, 내 모습을 찬찬히 들여다보는 시간을 가질 필요가 있습니다.

목사가 내 진짜 모습을 놓친다는 것은 굉장히 위험한 일입니다. 때로는 스스로 민낯 보기를 거부합니다. 그러나 좀 더 정직해져야 합니다. 내가 주일을 어떻게 보냈는지, 성도들을 만나 대화하면서 내 숨겨진 내면에는 무엇이 있었는지를 확인해야 합니다.

반복되는 일상에서 즐거움이 옵니다

요즘 '루틴'이라는 말을 많이 합니다. 단순히 반복되는 일상이 있다는 것입니다. 저도 그렇습니다. 내가 정해 놓은 루틴 속에서 생활을 합니다. 아침에 비슷한 시간에 일어나 비슷한 시간에 밥을 먹습니다. 예배를 드리고 성도를 만나는 시간들이 그리 크게 벗어나지 않습니다.

그런데 이렇게 반복되는 일상이 언젠가 익숙해지는 때가 옵니다. 그러면 조금씩 지루해집니다. 그러다가 권태가 찾아옵니다. 그런데 이 권태가 무섭습니다. 권태는 일탈의 유혹과 같이 오기 때문입니다. 이 일상에서 좀 벗어나고 싶습니다.

그래서 저는 부교역자들에게 '너무 재밌으려고 하지 마라' 하고 말합니다. 목회는 물론 즐겁습니다. 하지만 항상 즐거운 것은 아닙니다. 사역은 힘든 것이 맞습니다. 그 힘든 중에 즐거움을 찾는 것은 중요한데, 그렇다고 힘들고 지치는 것을 피할 수는 없습니다.

우리가 세상에 살면서 하는 일들이 거의 그렇습니다. 의사도 가만 보면 굉장히 단순노동입니다. 매일 오는 환자 비슷하고, 처방해 주는 약도 비슷합니다. 근데 그런 환자를 하루에 수십 명을 봅니다. 그러니 얼마나 일탈의 욕구가 생기겠습니까?

그런데 어느 정도 시간이 지나다 보면 이 단순한 반복을 즐기는 단계가 옵니다. 처음엔 버티다가 익숙해지고, 나중에는 즐기는 단계인 것입니다. 그래서 이 루틴이란 것이 그리 나쁘지 않습니다. 이 단계까지 오는 것이 중요합니다.

이처럼 우리는 단순한 삶을 붙잡아야 합니다. 견디지 못하면 일탈로 갑니다. 유혹은 우리 주위에 널렸습니다. 특히 목사들은 유혹에 약합니다. 편하려고 하면 벗어나고 싶고, 그러면 위험해집니다. 그래서 목사는 목회 외에 다른 즐거움을 찾는 것이 위험합니다.

안식은 힘을 빼는 기술입니다

우리는 일상에서 안식의 경험을 해야 합니다. 목회라는 것이 굉장한 압박감이 있지 않습니까? 긴장감이 말도 못합니다. 목사들이 겉으로는 멀쩡해 보이는데 안으로는 골병든 사람이 많습니다.

교회 일이라는 것이 얼마나 답답합니까? 상황이 급진전하고, 악화되고, 관계가 이상하게 꼬이고, 별 것 아닌 일로 갈등이 커지고 시험에 듭니다. 그러다 보면 언제쯤 전진하고 어느 지점에서 기다려야 하는지도 모르게 됩니다. 그렇지만 그런 상황 속에서도 마음의 안식을 찾아야 합니다.

그러려면 우리는 시선의 전환이 필요합니다. 교회에서 긴장감 도는 일이 벌어지면 우리는 중압감 때문에 계속 거기에 시선을 빼앗깁니다. 그래서 잠을 잘 때도 그 생각, 누워서도 그 생각, 밥을 먹으면서도 그 생각, 씻으면서도 그 생각, 계속 거기에 빠져서 헤어나지 못합니다. 그러다 보니 주일과 주일 사이가 온통 긴장 상태입니다.

주일이 왜 피곤합니까? 긴장했기 때문입니다. 노출이 많을수록 긴장감은 더 커집니다. 나를 그럴듯하게 보여야 하고, 잘 해야 한다는 중압감, 성과주의, 세속주의들이 우리를 긴장하게 합니다. 새가족 숫자가 늘었는지 계산하는 장로님이 꼭 있습니다. "목사님, 오늘 몇 명 더 왔습니다" 하면 듣기가 불편합니다. '아, 교인 수를 세고 있구나' 하는 마음에 또 바짝 힘이 들어갑니다.

그래서 목사들이 어떻게 보면 가장 자유와 안식이 없습니다. 특별히 교회에서 파워게임이 벌어지면 더 피곤합니다. 밀리면 안 된다, 권위를 지켜야 한다는 생각에 나도 모르게 나를 옭아매고 부자유하게 하고 긴장하게 하고 힘들게 합니다.

목사가 안식이 없으면 사고가 납니다. 의외로 목사 중에 공황장애를 겪고 있는 분이 많다고 합니다. 돌발성 난청을 겪는 사람도 있다고 합니다. 이게 다 안식이 없어서 그렇습니다.

안식은 힘을 빼는 기술입니다. 고수는 이 기술에 능통합니다. 힘을 빼면 관계가 부드러워집니다. 양보하고 물러설 줄 알게 되고 유연하게 대처할 수 있습니다. 내가 가지고 있는 힘을 함부로 사용하지 않는 것, 힘을 잘 사용하는 것이 중요합니다.

교인들은 월요일부터 토요일까지 세상에 있다가 주일에 부활을 경험합니다. 그런데 목사가 주일에 십자가를 짊어진 얼굴로 와 보십시오. 부활로 못 간 것입니다. 그러면 공동체가 온통 장례식 분위기가 됩니다. 부활로 가야 합니다. 부활이 뭡니까? 살아나는 것입니다.

살아있는 것과 죽은 것은 정말 큰 차이입니다. 회도 살아있는 물고기를 바로 잡아서 뜨면 육질이 다릅니다. 하물며 목사의 얼굴이 죽어 있으면 되겠습니까? 살아있다는 것은 활기가 있다는 것입니다. 이 생동감은 정서에서 옵니다. 건강한 정서가 필요합니다. 이 정서가 깨져 버리면 목회의 루틴을 견디지 못합니다. 그러면 유혹에 빠지고, 악순환이 시작됩니다.

리듬감을 회복하십시오

우리가 활기를 유지하려면 어떻게 해야 할까요? 목회의 리듬감을 찾아야 합니다. 나무를 보십시오. 봄, 여름, 가을, 겨울, 사계절에 리듬감이 있습니다. 꽃도, 하늘도, 하나님의 창조물은 리듬감이 있습니다. 그런데 계절이 없으면 리듬감도 없습니다. 사막은 내내 덥기만 하고, 북극은 내내 춥기만 합니다. 그러면 생기가 없습니다.

우리는 변화를 주어야 합니다. 그러면 신선함이 살아납니다. 리듬감이 생깁니다. 여름의 더위를 깨려면 가을이 와야 합니다. 시원한 바람이 불어야 합니다. 이것이 리듬감입니다. 그런데 교회에 리듬이 없습니다. 전통에 빠져서 다람쥐 쳇바퀴 돌 듯합니다. 춤도, 박자도 없습니다. 다 헛발질입니다.

목회가 그 리듬을 살아나게 해야 합니다. 리듬이 살면 다이내믹이 삽니다. 행복이 있습니다. 춤을 추고 싶어집니다. 누가 하라고 해서 하는 것이 아니라 하고 싶어집니다. 이것이 리듬감이 살아났을 때 오는 다이내믹입니다.

리듬은 절대 그냥 살지 않습니다. 엄청난 에너지를 쏟아야 합니다. 리듬을 살리는 데 에너지를 쏟으십시오.

chapter 16.

영적인 근육을
키우십시오

어떤 것도 우리가 이 땅에서 영원히 소유할 수 있는 것은 없습니다. 모든 것을 주님께 의탁하며 사는 삶입니다. 그렇다고 아무것도 없는 것은 아닙니다. 이 땅의 것은 다 우리 아버지의 것이니 또 내 것이기도 합니다. 그러니 아무것도 없는 자 같지만 있는 자처럼 풍요롭게 살아가는 것이 중요합니다. 단순하게 사는 것입니다.

어떤 사람은 멋진 전망의 아파트에서 살면서 여유롭게 차 한잔 하는 시간을 내지 못해서 그 전망 한번 누리지 못합니다. 비싼 요트에 별장이 있지만 즐기려고 하니 삶의 끝자락입니다. 우리 인생이 그렇습니다. 시간이 있으면 돈이 없고, 돈이 있으면 시간이 없고, 시간도 돈도 있으면 건강이 없습니다.

그러니 오늘, 지금, 이 순간을 누리십시오. 세상에 취해 흥청망청 살라는 말이 아닙니다. 하나님이 주신 것들을 생각하며, 감사하고, 소중하게 여기라는 말입니다. 지금 내 옆에 누가 있는지 돌아보고 그와 함께 시간을 보내라는 말입니다. 그런데 그게 참 어렵습니다.

목회자들이 제일 못하는 것이 무엇인지 아십니까? 바로 가정을 돌보는 것입니다. 앞만 보고 바쁘게 살면서 내 옆에 누가 있는지 돌아볼 여유가 없었습니다. 가정에 집중하면 목회를 놓칠 것 같아서 차라리 목회에 집중해 버렸습니다. 그러나 교회와 가정은 모두 하나님이 세우신 기관입니다. 목회자라면 이 두 기관을 균형 있게 돌봐야 합니다. 절대비율은 없습니다. 몇 퍼센트씩 할당할 건가 하는 문제도 아닙니다. 그러면 더 어렵습니다. 목회자 가정이라는 특수성에서 오는 긴장감을 풀고 무엇이 하나님의 뜻인지를 구해야 합니다.

강단 위와 아래의 삶이 일치합니까

제가 시드니에서 막 목회를 시작했을 때 나이가 30대였습니다. 어릴 때 시작한 편입니다. 그때만 해도 정신없이 목회를 했고, 저 역시 여느 남자들과 다를 것 없이 워커홀릭 증세를 보이며 사역에 빠져들었습니다. 그러다 보니 가족과 함께하지 못하는 일이 많아졌습니다. 여행도 가지 않았습니다.

호주는 휴가 문화가 있습니다. 마치 여름에 휴가 가기 위해 사는 사람들 같습니다. 학교에서는 여름 휴가를 어떻게 보냈는지 발표를 합니다. 그런데 우리 아들은 항상 교회에서 수련회 갔다 온 이야기밖에 할 게 없었습니다. 그래도 어쩔 수가 없었습니다. 교회를 하나 세우는 데 어마어마한 대가 지불이 있지 않습니까? 공항에서 비행기가 한 번 뜨려면 엄청난 스피드가 필요한 것처럼, 교회도 처음 개척할 때는 전력질주를 해야 합니다.

대신 아들이 조금씩 철이 들면서부터는 가치를 공유하는 시간을 많이 가졌습니다. 아빠가 왜 너와 시간을 가지지 못하는지, 지금 하고 있는 사역은 무엇인지, 어떤 가치가 있는 일인지를 이야기해 준 것입니다.

선교사님들을 보면 자녀들 마음에 부모에 대한 원망이 크게 자리하고 있는 것을 자주 봅니다. 왜 우리는 이런 데서 살아야 하느냐는 것입니다. 왜 우리는 이렇게 끊임없이 주기만 해야 하느냐는 것이죠. 그런데 그 아이들이 청소년기를 지나고 방황을 마치면 너무 훌륭하게 자랍니다. 부모가 얼마나 가치 있는 일을 추구하는 분인지 아는 것입니다. 부모가 탐욕과 이기심을 이기고, 자기중심적인 삶을 포기하고 복음을 위해 이웃을 섬기고 있는지를 보며, 그 아름다운 삶의 모습에 감동을 받는 것입니다.

아프리카 케냐에서 목회하시는 선교사님을 만난 적이 있습니다. 그 선교지는 들어가는 것 자체가 굉장히 어려웠습니다. 부족 간에 끊임없는 전쟁이 일어나기도 했고, 괴한들이 나타날 수도 있었기 때문에 우리는 무장된 군대를 사서 들어갔습니다. 그렇게 들어가서도 문제였습니다. 적도 한가운데 있는 곳이기 때문에 구두를 신고 있어도 한낮에는 땅의 열기에 발이 뜨거웠습니다. 이런 곳에서 사람이 어떻게 살 수 있을까 싶었습니다.

그 선교사님 부부 사이에는 아들이 있었는데, 그 아들이 미국 유학을 마치고 다시 아프리카로 돌아오기로 했다고 합니다. 솔직히 우리 생각에는 '아버지의 삶은 아버지의 몫이고, 나는 다른 길을 가겠다' 하고 떠날 수도 있지 않겠습니까? 그런데 아들은 아는 것입니다. 아버지의 삶이 얼마나 아름다웠는지, 그리고 지금도 얼마나 아름다운 삶을 살고 있는지 말입니다. 만약 아버지가 '내가 어쩌다 이런 저주를 받아서 여기까지 와서 인생을 탕진하고 있는가' 하며 원망하면서 살았다면 과연 아들이 돌아왔을까요?

저주를 받아서 사역을 하는 사람은 없습니다. 하나님의 부르심은 더할 수 없는 영광입니다. 한 영혼을 섬기는 것은 인생 최고의 축복이고 특권입니다. 우리가 그것을 늘 고백하고 감사하며 살아간다면 우리 아이들은 하나님이 키우십니다.

저는 교인들에게 이렇게 이야기합니다. "자녀 교육은 걱정 말고 우리나 잘 삽시다." 다음 세대의 문제는 1세대의 문제입니다. 부모가 믿음 생활을 잘하면 가정은 걱정이 없습니다. 자녀는 본 대로 자랍니다. 부모가 어떤 것을 보여 줬는지가 중요합니다. 탕자를 보십시오. 그는 인생을 완전히 망가뜨린 사람입니다. 그런데 그가 마지막 인생 밑바닥에서 무엇을 생각합니까? 바로 아버지입니다. 그가 다시 일어설 수 있었던 힘은 여전히 그 자리에 계신 아버지였습니다.

오늘 우리가 어떻게 사는지가 자녀 문제를 결정합니다. 목사로서 강단 위와 아래의 이중적인 삶을 사는 것이 아니라 가정 안에서 그리스도의 부요함, 말씀 안에서 행복함으로 살아갈 때 내 자녀도 구원을 얻는 것입니다.

저는 불교 가정에서 태어났습니다. 예수를 믿을 수 있는 가능성이 거의 없는 환경에서 구원을 받은 것입니다. 지금도 생각하면 하나님이 아찔한 삶의 벼랑 끝에서 저를 구원하시고, 우리 가정이 다 구원을 얻게 하셨습니다. 그래서 저는 지금도 구원받았다는 것 하나만으로도 감사합니다. 그런데 이 황홀한 행복에서 그치지 않고 또 저를 목사로 불러 주셨다는 것, 복음을 전할 수 있는 특권을 주셨다는 것에 감사합니다.

그래서 저는 단 한 영혼에게만이라도 복음을 외칠 수 있다면 행복합니다. 이런 행복이 있습니까? 가정에서도, 부부의 관계 속에서도 그것이 흘러야 합니다. 우리의 만족은 복음이고 진리의 말씀이며 하나님의 사랑입니다. 이 행복이 부부 사이에서 영적인 하모니를 이뤄야 합니다.

제 아들도 사춘기 때는 굉장히 방황을 했습니다. 사실 그것은 너무나 자연스러운 일입니다. 그런데 목회자 가정은 눈에 띄니까 아픔이 더 큽니다. 곳곳에서 "목사님 아들이 어쩌구 저쩌구" 하면서 수군거립니다. 옷도 마음대로 못 입습니다. 이민 교회 사모님들 중에는 우울증 때문에 자살한 분도 있습니다.

저는 아들에게 그랬습니다. "옷 마음대로 입어라!" 당시 온 동네를 쓸고 다닐 정도로 품이 큰 바지가 유행이었는데, 입고 싶으면 입으라고 했습니다. 아내에게도 배꼽티든 뭐든 마음대로 입으라고 했습니다. 혹시 그것 때문에 시비 거는 사람 있으면 내가 온 몸으로 막겠다고, 걱정하지 말라고 했습니다.

그런데 아들은 그 옷을 오랫동안 입지는 않았습니다. 아들이 원한 것은 그 옷을 입을 수 있는 자유가 아니었습니다. 그냥 사춘기의 치기어린 마음에서 오는 반항 심리 같은 것이었죠. 그렇게 함으로써 삶의 주체자가 되어 스스로 인생을 결정하고 싶어했습니다. 이것은 가장 자연스러운 모습입니다. 부모는 그런 자녀의 모습을 인정하고 기다려 주면 됩니다.

목회는 기다림이라고 했는데, 가정도 기다림이 중요합니다. 비록 시간을 많이 할애할 수는 없지만, 짧은 시간이라도 의미 있게 보내십시오. 대화 속에 가치를 심어 주십시오. 자녀의 있는 모습 그대로 인정해 주십시오. 그러면서 기다려 주십시오. 저는 아들에게 신학해서 목사 되라는 말을 한 적이 없는데 어느 날 목사가 되겠다고 했습니다. 대학에서 경영학을 공부하고 있었는데, 3학년 때 신학교로 옮기겠다는 것입니다. 저는 목사라는 행복한 길을 아들도 가겠다고 하니 너무나 기뻤습니다. 아들은 결국 신학을 공부하고 목사 안수를 받았습니다.

특별히 목사는 아내를 사랑할 줄 알아야 합니다. 아내를 보호하는 것은 남편의 몫입니다. 만약 부부관계에 문제가 생기면 목회도 안 됩니다. 강단에서는 가정 설교를 끝내주게 해 놓고선 내려와서 아내는 나 몰라라 하면 이게 영향력이 있겠습니까? 예배를 마치고 목사 부부가 손을 꼭 잡고 가는 모습을 보여 줘 보십시오. 가정 설교 백 번 한 것보다 낫습니다.

저희 부부는 토요일 점심에 특별한 시간을 가지려 노력하고 있습니다. 그 시간 외에는 여유 있게 만날 수가 없기 때문입니다. 그래서 그날은 가급적 시간을 비웁니다. 그 시간은 제 인생 최고의 행복한 시간입니다. 자주 있으면 싸우기도 할 텐데 가끔 만나니까 만날 때마다 데이트를 하는 것처럼 가슴이 뜁니다.

가정에 헌신하는 시간은 정말 중요합니다. 그러나 목회 현실상 시간이 녹록하지 않습니다. 그러나 마음까지 소홀하면 안 됩니다. 내 배우자를 섬기고 보호하며 도와주고 사랑하는 것은 목회의 매우 중요한 부분입니다.

갈등의 파도를 잘 넘으십시오

파도 없는 바다가 어디 있겠습니까? 파도가 잔잔하냐, 거세냐의 차이지 어느 바다든 파도는 있습니다. 바다에 파도가 없기를 바라는 것은 망상입니다.

갈등이나 위기 없기를 바라지 마십시오. 갈등 없는 공동체는 없습니다. 갈등은 두 사람만 모여도 있습니다. 그런데 갈등이 생기면 지도자가 세워집니다. 어쩌면 갈등 때문에 지도자가 필요한 걸지도 모르겠습니다. 이 모든 과정은 숙명 같은 것입니다. 중요한 것은 그 갈등을 어떻게 관리하느냐입니다. 마치 파도를 타는 것과 같습니다. 요즘 바다에 가면 서핑 좀 한다는 사람들이 모여듭니다. 그런데 초보자들이 서핑하는 모습을 보면 정말 안쓰럽습니다. 그게 파도를 타는 건지, 그냥 파도에 농락당하는 것인지 구분되지 않습니다. 갈등에 농락당하지 않으려면 이 갈등과 위기를 잘 타고 넘어야 합니다.

위기는 변수입니다. 우리 인생은 변수의 연속입니다. 호주에는 세계적인 서퍼들이 많은데, 한번은 이런 일이 있었습니다. 정부가 돈을 들여 파도가 낮은 바다에 인위적으로 파도를 일으키도록 인조 벽을 쌓겠다고 했습니다. 당연히 서퍼들이 좋아할 거라고 생각했는데, 결과는 반대였습니다. 이유를 알아보니 서퍼들이 원하는 것은 전혀 예측하지 못했던 다양한 파도를 타는 것이었습니다. 예기치 못했던 파도가 갑자기 다가올 때 거기에 몸을 싣고 타는 묘미! 거기에 사람들은 매력을 느끼는 것입니다.

사실 위기는 반갑지 않습니다. 그러나 피할 수 없으면 즐기라고 했듯이, 어차피 겪어야 할 위기라면 타고 노는 묘미를 즐기는 것도 방법입니다. 어떤 사람은 갈등이 오면 일단 피하고 봅니다. 갈등회피형입니다. 다른 사람의 감정을 상하게 할까 봐 두려워하는 것입니다. 또 어떤 사람은 갈등이 지나가기만 기다립니다. 그런데 해결하지 않으면 갈등은 사라지지 않습니다. 오히려 더 큰 불화를 가져오고 더 큰 상처를 남깁니다. 갈등대립형이 있습니다. 부딪히는 것입니다. 때로는 자신이 가지고 있는 지위를 이용합니다. 자기 힘을 확보하는 수단으로 사용합니다. 권위주의적인 태도입니다. 내 말이 옳고 당신 말을 틀렸다고 흑백논리로 대응하는 사람도 있습니다. 이것은 상대를 적으로 몰아붙이며 대립각을 세웁니다.

어떤 형태든 이런 식으로는 갈등을 해결할 수 없습니다. 갈등을 해결하는 바른 태도가 필요합니다.

첫째, 갈등은 성장의 기회입니다. 목회를 하다 보면 언제나 갈등을 만나게 됩니다. 갈등이 없는 공동체는 없습니다. 연약한 사람이 모이면 갈등은 불가피합니다. 목회가 어렵다는 것은 갈등이 일어나기 때문입니다. 갈등 처리가 관건입니다. 갈등을 극복하지 못하면 공동체는 폭탄을 안고 사는 것과 같습니다. '갈등을 위기로 몰고 갈 것인가, 성장의 과정으로 바꿀 것인가' 기로에 있습니다. 한국 교회는 대체적으로 갈등 구조에서 소모전으로 몰아가는 경향이 있습니다. 한국인은 다혈질적인 면이 많습니다. '흥분파'입니다. 회의를 할 때도 논리적이기 보다는 감정적 부딪힘이 잦습니다. 회의를 하다가 논지를 벗어나 편을 나누어 싸웁니다. 진리 문제로 싸우는 경우는 거의 없습니다. 대화나 회의 역시 미숙합니다. '옳고 그름'의 문제가 아니라 '좋고 나쁨'으로 확장되어 버립니다. 문제의 본질을 다루지 않습니다.

갈등 자체는 나쁜 것이 아닙니다. 갈등을 잘 다루면 서로를 깊이 알게 되고, 성숙에 이를 수 있습니다. 갈등이 일어났을 때 좀 더 느긋한 마음으로 바라 볼 필요가 있습니다. 갈등은 자연스러운 것입니다. 전혀 다른 사람들이 모였는데 갈등이 없다면 그것이 이상한 일입니다. 갈등을 피하려하기 보다 갈등을 통한 레슨을 받아야 합니다. 갈등을 통과하면 교회가 견고해지고 리더십은 검증을 받게 됩니다. "비 온 뒤에 땅이 굳어진다"는 속담처럼 갈등을 통해 서로를 발견하고 관계가 더욱 깊어질 수 있습니다.

너무 갈등에만 매몰되기 보다 좀 더 큰 그림을 볼 필요가 있습니다. 거리를 두고 문제를 바라봐야 합니다. 앵글이 너무 좁아져 시시비비를 가리려고 하다가는 문제를 풀기보다 문제에 빠져들게 됩니다. 리더는 누구입니까? 뜨거워진 감정의 열기를 식히는 역할을 해야 합니다. 시간을 두고 좀 더 객관화하려는 노력을 해야 합니다.

마귀의 전략에 빠지면 안 됩니다. 마귀의 최종 목표는 언제나 교회 공동체의 분열입니다. 마귀의 주 업무는 관계를 깨고 공동체를 파괴하는 것입니다. 오늘날 한국 교회는 마귀의 전략에 충실히 순종하고 있습니다. 분열된 교회들이 너무 많습니다. 리더들 간의 분열, 지도자와 교인들 간의 갈등의 골이 깊어져 가고 있습니다. 부실한 교회는 한번 갈등이 일어나면 극복하지 못하고 갈 데까지 가고 맙니다. 마귀가 박수를 치며 좋아할 일입니다. 외부의 적이 교회를 무너뜨리지 않습니다. 내부 갈등이 스스로 무너뜨리는 것입니다.

하지만 갈등을 통해 공동체와 지도자의 연약함을 발견하고 공동체가 극복해야 할 과제를 진지하게 바라보고 성찰해야 합니다. 갈등 속에서 '누가 잘 났냐'의 싸움이 아니라 '내가 누구인가'를 바로 볼 수 있는 기회가 된다면 영적 성장의 축복을 누릴 수 있습니다.

둘째, 갈등 속에서 진리의 인도를 받아야 합니다. 갈등이 일어날 때 사람들은 방어벽을 높이 쌓아 올립니다. 상대의 공격을 막아 내려고 전투태세로 돌변합니다. 갈등이 있는 공동체는 살벌한 풍경이 연출됩니다. 목회자는 종종 갈등의 한 가운데에 있을 때가 많습니다. 지도자가 치러야 하는 대가입니다. 목회자는 교인들 간의 갈등을 풀어주는 역할을 해야 할 임무가 있습니다. 갈등을 원하지 않는다면 지도자의 자리를 포기해야 합니다. 갈등은 리더십의 대가입니다. 문제는 갈등을 건강하게 해결하는 법을 익혀야 리더십이 신뢰를 받을 수 있습니다. 갈등 처리가 미숙하면 리더십의 위기를 맞게 됩니다. 크고 작은 위기가 반복되면 결국은 침몰하게 됩니다. 리더십을 행사할 수 없게 됩니다.

다시 말하지만 갈등은 피할 것이 아니라 넘어야 할 산이며 건너야 할 강입니다. 목사의 잦은 실수는 갈등의 순간에 방어 기제가 발동하는 것입니다. 목회자의 신경이 날카로워집니다. 사람들의 소리에 촉각을 곤두세우다 보면 설교와 대화가 자기 방어로 흘러가기 쉽습니다. 그럴수록 갈등을 풀기보다 키워 가게 됩니다.

목사가 자기 방어 모드로 바뀌면 교인들과 전쟁이 벌어집니다. 교인들이 적이 되면 교회의 미래는 암울해집니다. 이기기에만 혈안이 된 목사는 하나님의 음성을 듣지 못합니다. 목회자가 싸워야 하는 대상은 교인들이 아니라 마귀와 육체의 정욕과 세상입니다. 전쟁의 목표물에서 이미 진 싸움입니다.

힘으로 갈등을 풀려고 하는 것보다 위험한 것은 없습니다. 목사의 권한과 지위를 이용해 내가 옳고 당신은 틀렸다고 몰아가면 성도들은 큰 상처를 입게 됩니다. 목사들이 얼마나 말을 잘합니까? 늘 마이크를 잡고 있습니다. 자신이 가진 힘을 자기 보호를 위해서 사용한다면 옳은 방식이 아닙니다. 자신의 힘과 지위를 성도들을 위해, 하나님 나라를 위해 사용해야 합니다.

힘을 사용하면 힘의 저항을 받게 됩니다. 내가 힘을 주는 순간 권력 투쟁이 벌어집니다. 교회 안에서 폭력 사건들이 일어나는 이유가 여기 있습니다. 주님은 한 번도 당신 자신을 위해 힘을 사용하신 적이 없습니다. 목회자가 상처를 주는 원인 제공자가 된다면 목회는 수렁에 빠지게 됩니다.

목회자는 갈등 처리에 있어 성숙함을 보여야 합니다. 갈등의 순간 사람들의 소리가 아니라 하나님의 음성에 귀를 기울여야 합니다. 문제가 복잡해진 것은 목회자의 내면 세계가 혼란하기 때문인지 모릅니다. '왜 이런 갈등이 일어났는가?' 왜 갈등이 자주 발생하는가? 나에게 주시는 교훈은 무엇인가? 감정적 대응보다 하나님께 질문하고 기다려야 합니다.

갈등을 푸는 원리는 주님이 이미 우리에게 보여 주셨습니다. 바로 십자가입니다. 내가 죽는 것입니다. 매 순간 정과 욕심을 십자가에 못 박아야 합니다. 내 안에 남아있는 혈기는 없는지, 나 중심으로 몰고 가려는 독선은 없는지를 살펴보고, 내가 그리스도와 함께 죽는 자기 부인의 길을 걸으면 답이 나옵니다. 지는 것이 이기는 것입니다. 육체적인 싸움은 불행한 결말을 가져옵니다. 자기 주장을 내려놓고 기꺼이 죽음을 선택하면 주님이 살려 주십니다. 억울한 순간에도 침묵으로 참는 법을 익히면 하나님이 대변해 주시는 날이 옵니다. 내가 직접 전화기를 들고 항변하고 설득하고 싶지만 성령에게 맡기면 내가 설득하는 것과는 비교가 안 되는 방법으로 갈등이 해결되는 순간이 올 것을 믿어야 합니다.

셋째, 그리스도 중심으로 갈등을 해결해야 합니다. 갈등이 일어났을 때 모든 회중이 그리스도께로 나아가게 해야 합니다. 문제만 바라보면 문제가 더 커집니다. 문제를 푸는 것이 아니라 문제가 더 꼬이게 됩니다. 갈등이 일어났을 때 가져야 할 기본적인 태도는 하나님만이 문제를 풀 수 있음을 인정하는 것입니다. 사람들은 문제를 풀기보다 문제를 부풀려 동네에 소문을 퍼뜨리는 일을 할 뿐입니다. 그런데 일반적으로 교회들은 문제가 생기면 회의를 엽니다. 문제를 풀기 위해서 의논하자는 명목으로 모이지만 갑론을박으로 끝날 때가 많습니다. 제직회로 모이면 어떻게 됩니까? 문제를 모르던 사람까지도 알게 됩니다. 그러면 교회의 문제는 일파만파로 퍼져 나갈 뿐 누구도 풀려고 하지 않습니다. 풀 수도 없습니다.

제가 섬기고 있는 수영로교회는 원로목사님 시절부터 지금까지 가르쳐 온 불문율과 같은 것이 있습니다. "문제가 있으면 입 다물고 기도하기"입니다. 문제가 생겼을 때 말을 한다고 문제가 풀리지 않습니다. 일단 문제를 풀어가는 가장 중요한 방식은 침묵과 기도입니다. 바로 신본주의적 목회 방식입니다. 이는 문제를 하나님이 풀어 주실 것이라는 믿음에서 출발합니다. 교회들이 문제 자체 때문에 깨어지는 것이 아닙니다. 사람들의 말 때문에 깨어지는 것입니다. 이 역시 마귀의 전술에 말려 들어가는 어리석은 일입니다.

갈등 구조가 될 때 리더십의 역할은 기도하게 하고 말씀을 더 가까이하게 해야 합니다. 시선을 문제에서 그리스도께로 옮겨 줘야 합니다. 그리스도를 묵상하고, 그리스도께 묻고, 그리스도의 문제를 푸는 방법을 배워야 합니다. 그리스도는 모든 질문의 답이 되십니다. 그리스도 중심적 목회를 하면 갈등도 큰 문제가 될 수 없습니다. 문제가 일어나기만 하면 싸우고 교회가 분쟁 안으로 들어가고 사람 중심의 파벌들이 일어나는 것은 평소에 교회가 그리스도 중심, 복음 중심이 아니었다는 것을 방증합니다. 언제나 그리스도께로 나아가면 살 길이 열립니다. 목회자가 자기 하나 살려고 교인을 죽이고 교회를 무너뜨린다면 하나님 앞에서 죄가 작지 않습니다.

오늘날의 가장 큰 위기는 교회 안에 그리스도가 잘 보이지 않는 것입니다. 목회 안에서도 그리스도가 잘 보이지 않을 때가 위기의 순간입니다. 목사도 장로도 교인들 모두 그 누구도 그리스도를 대신할 수 없습니다. 그리스도만이 주인이시고 그리스도가 통치하시는 교회가 되어야 합니다. 문제의 처음부터 끝까지 그리스도 중심으로 풀어가는 방식을 익히십시오. 공동체 모두에게 그리스도가 왕이 되신다면 갈등은 자연히 해결됩니다. 갈등이든 무엇이든 우리 삶과 목회 현장에 마지막 남는 것은 그리스도의 존귀하신 이름이어야 합니다. 그분이 높임을 받는 것으로 결론이 나야 합니다. 우리의 자존심을 지키려고 그리스도의 이름을 훼손하면 안 됩니다.

넷째, 갈등 속에서 리더십의 역할을 찾아야 합니다. 갈등에 당황하지 마십시오. 모든 교인이 흥분하고 불안해해도 목사는 안정감을 갖고 있어야 합니다. 목회자의 내적 안정감이 중요합니다. 목회자가 함께 덩달아 불안해하고 감정의 바다가 춤춘다면 사태는 더 심각해질 수 있습니다.

갈등이 일어났을 때 목회자의 역할이 참으로 중요합니다. 집안에 아버지의 모습이 중요한 것과 마찬가지입니다. 목회자가 자신의 역할을 놓치면 문제는 복잡해집니다. 대개는 문제가 터졌을 때 리더십의 역할이 보이지 않을 때 불길이 더 무섭게 번져 가게 됩니다.

목회자는 문제가 일어났을 때 문제의 본질을 바로 파악하는 능력이 있어야 합니다. 본질과 비본질의 차이를 구분하지 못하면 큰일 납니다. 대개의 싸움은 비본질적인 것들입니다. 이민목회를 할 때의 경험입니다. 이민교회들이 잘 깨어지는 것을 보았습니다. 주로 '주일날 점심 때 비빔밥을 먹을 것인가, 국밥으로 할 것인가'로 회의하다가 싸웁니다. 로마서에서도 먹는 문제로 교회가 갈등 구조에 빠졌습니다. 고린도교회도 마찬가지입니다. 신약의 교회들 안에서도 늘 갈등이 일어났습니다.

본질이 아닌 것은 양보하면 됩니다. 교회가 '교육관을 5층으로 할 것인가, 7층으로 할 것인가'는 비본질입니다. 사람들은 유치한 싸움을 잘 합니다. 직분자 선정 때 '누구 이름이 먼저 올라가는가'로 갈등합니다. 지상 교회의 허접한 모습입니다. 소모전입니다. 이런 일로 힘을 뺀다는 것은 안타까운 일입니다.

사도행전 초기 성령충만을 경험한 예루살렘 교회 안에서도 구제 문제로 갈등에 빠집니다. 파벌이 일어났습니다. 사도들도 초기에는 문제 안에 휘말려 들어갔습니다. 마침내 본질로 돌아가기로 결단합니다. 목사가 평소에 말씀과 기도로 교회의 중심을 잡는 일을 소홀히 하면 안 됩니다. 유치한 전쟁이 자주 발생한다면 그것은 교인들의 문제가 아니라 목회자의 역할에 문제가 있다고 볼 수 있습니다. 중심을 잡아 주어야 합니다. 본질과 비본질을 구분할 줄 알게 가르쳐야 합니다. 교회의 본질, 성도의 본질이 무엇인지에 대해서 부지런히 가르치고 훈련을 해야 합니다. 유치원생으로 두면 안 되고 진학을 시켜야 합니다. 성숙에 이르지 않으면 비본질에 매달려 에너지를 소모하다가 탈진하거나 목회를 그만두게 될지도 모릅니다.

다섯째, 나와 관련된 갈등에 대해서 솔직해야 합니다. 갈등이 목회자로 인한 것이라면 가능한 빨리 자신의 잘못을 인정하는 것이 상책입니다. 나의 잘못인데도 인정하지 않고 고집을 피우고 자기 정당화 쪽으로 몰고 가는 것은 어리석은 일입니다.

나의 체면과 위신을 생각하고 무리하게 부정하면 더 위험해집니다. 사는 길은 자기 방어가 아니라 자기 해체입니다. 자기 과신이 아니라 자기 부인을 해야 합니다. 지도자는 신이 아닙니다. 성도들도 알고 있습니다. 얼마든지 실수할 수 있지만 실수 때문에 무너지지 않습니다. 실수를 인정하지 않는 것 때문에 신뢰가 깨어지고 사람들이 마음의 문을 닫는 것입니다. 교인들은 대부분 직접 대놓고 말하지 않습니다. 그러나 침묵이 더 무서운 것입니다. 요즘은 다수의 침묵이 더 큰 위협입니다.

가만히 보면 교회에서 일어나는 문제 중에 목사와 상관없는 일이 있을까요? 거의 없다고 해도 과언이 아닙니다. 교회 성도들 중에 부부가 싸움을 해도 목사의 책임일 수 있습니다. 호주에서 목회할 때 종종 경험한 일입니다 부부 관계가 좋지 않았는데 우리 교회에 와서 은혜를 받고 너무도 금슬이 좋은 부부로 변하는 것을 보았습니다. 교회에 은혜가 충만하면 이혼의 위기에 있던 가정도 다시 살아납니다. 은혜는 꼬인 관계를 푸는 능력이 있습니다. 그런데 교회가 분쟁을 하고 은혜가 떨어지면 평소 잘 지내던 부부도 싸우기 시작합니다. 목회가 가정의 분위기에도 영향을 미친다는 것을 부인할 수 없습니다. 목사의 위치란 그런 것입니다.

목사는 교회 공동체 전반에서 일어나는 갈등의 원인 제공자가 될 수 있습니다. 직·간접적으로 연결되어 있습니다. 지도자에게 중요한 것은 책임 의식입니다. 책임 의식은 무거운 짐입니다. 그러나 피할 수 없습니다. 갈등이 일어날 때 가장 먼저 하나님께 나아가 물어야 합니다. '하나님 나에게 무슨 문제가 있습니까? 이 문제가 혹 내 잘못으로 일어난 것은 아닙니까?' 나의 잘못이라면 솔직하게 고백하고 용서를 구해야 합니다.

지금 한국 교회는 내부적으로 갈증과 분쟁으로 극한 대립각을 세워 주님의 몸 된 교회가 갈기갈기 찢겨져 나가고 있습니다. 많은 경우 지도자들의 문제로 인한 것들입니다. 목회자가 교인들을 걱정하는 것이 아니라 교인들이 목회자를 걱정하는 시대가 되었습니다. 목회자의 허물과 실수가 잦아졌습니다. 공동체를 세우기보다 허무는 원인 제공자가 되고 있습니다. 물론 실수할 수 있습니다. 문제는 실수하지 않았다고 우기고 미화하고 포장하는 것입니다. 정직하면 사는 길이 열립니다. 먼저 하나님께, 그리고 교인들에게 정직하게 서는 일이 중요합니다. 솔직한 자기 인정을 늦추어 위기를 몰고 오는 누를 범하지 않기를 바랍니다. 인정의 시기도 매우 중요합니다. 교인들이 지도자의 허물을 들추어내고 소란스러워지기 전에 지도자가 먼저 자신의 허물을 인정하면 됩니다. 죽는 길이 사는 길입니다. 완전히 죽어야 부활이 임합니다.

여섯째, 갈등에서 비난으로 비화되지 않아야 합니다. 갈등이 일어날 때 나타나는 가장 흔한 증상은 비난입니다. 인간의 연약한 모습입니다. 자신의 들보보다는 남의 눈에 있는 티가 더 잘 보이는 것이 한계입니다. 나를 보는 시력이 턱없이 부족합니다. 언제나 나를 가장 모릅니다. 나의 허물보다 남의 허물에 집중하는 동안 갈등은 심화되어 갑니다. 서로를 비난하기 시작하면 문제를 풀기 힘들어집니다.

비난은 갈등의 골을 깊게 합니다. 비난은 마귀가 사용합니다. 마귀는 분열의 영입니다. 나눠지게 하는 일을 하는 사람은 마귀의 충실한 동역자입니다. 마귀는 허물을 들추어 냅니다. 마음을 갈라놓는 일에 광분합니다. 그러나 사랑은 허다한 허물을 덮어 줍니다. 비난에는 비난으로 맞설 것이 아니라 사랑으로 맞서야 전쟁이 끝납니다. 상대가 비난하면 축복의 말로 돌려주어야 합니다. 성숙한 그리스도인은 교회가 어려움을 겪을 때 확실하게 표가 납니다. 교회나 지도자의 허물을 들추어 내기보다 기도합니다. 지도자도 마찬가지입니다. 누군가를 비난하고자 하는 유혹을 이겨내야 합니다. 지도자의 비난은 화력이 강합니다. 공동체를 초토화시킬 수 있습니다. 원망하고 싶고 비난을 쏟아 붓고 싶지만 인내해야 합니다.

교회가 분열되어 가는 현장에는 비난의 화살들이 날카롭게 오고 가는 것을 볼 수 있습니다. 말이 갈수록 세집니다. 오고 가는 말 속에서 양쪽이 다 망가져 갑니다. 가장 치졸한 전쟁은 내전입니다. 목사와 장로, 목사와 성도, 성도와 성도들의 다툼은 공동체 모두를 불행으로 몰고 갑니다. 누구에게도 도움이 되지 않습니다. 이기는 게임이 아니라 모두가 지는 게임입니다. 교회 안에서 그리스도인과의 싸움에는 승자가 없습니다.

오늘날은 SNS까지 가세하여 비난 전을 펼쳐 공동체를 더 어렵게 만들고 있습니다. 다른 사람에 대해서는 온유하고 나에 대해서는 엄격해야 합니다. 반대로 하면 안 됩니다. 용납의 용량을 키워 가야 합니다. 리더의 용량이 공동체의 사이즈를 결정합니다. 이단만 아니라면 모두 품어야 합니다. 지도자의 큰 가슴으로 안을 때 교회 공동체는 그 안에서 평안을 누리게 됩니다. 문제없는 교회는 지상에 없습니다. 문제보다 더 큰 은혜의 힘이 공동체 안에 작동할 때 교회는 세상과 다른 독특한 공동체로 세워져 갑니다.

진짜 목회는 60부터입니다

이제 우리에게 남은 숙제는 인내입니다. 마지막까지 완주하는 것입니다. 사도 바울과 같은 고백이 있어야 합니다.

> 나는 선한 싸움을 싸우고 나의 달려갈 길을 마치고 믿음을 지켰으니 딤후 4:7

비행기는 뜨는 것도 중요하지만 착륙이 더 중요합니다. 우리나라는 그런 일이 드문데, 외국 비행기를 타 보면 착륙이 성공적으로 이뤄졌을 때 모두 박수를 치며 기쁨을 나눕니다. 아무리 비행기가 잘 뜨고 잘 비행했으면 뭐합니까? 착륙을 못하면 끝입니다.

우리는 유종의 미를 거둬야 합니다. 그런데 이 유종의 미를 거두는 사람이 많지 않습니다. 어떤 교회는 공동체가 점점 쇠퇴하더니 나중에는 골다공증 걸린 것처럼 휘청거리면서 툭 치면 부서질 것 같습니다. 그 공동체가 어떻게 목사의 노후를 보장할 수가 있겠습니까?

목사의 성적표는 마지막 은퇴할 때 나옵니다. 축하와 환호를 받을 수도 있지만, 외면을 받을 수도 있습니다. 교인들이 나한테 어떻게 나오든 원망할 것 없습니다. 그것이 바로 나의 성적표입니다.

사람은 누구나 마지막 신(scene)이 중요합니다. 그러나 이 마지막 신을 아름답게 만드는 일은 쉽지 않습니다. 부교역자조차 1년차와 4년차의 태도가 다릅니다. 하다못해 목회 10년차, 20년차, 30년차가 될 때까지 변함이 없다는 것, 초심을 지킨다는 것은 쉬운 일이 아닙니다. 60살이 될 때까지 초지일관 변함없이 무릎 꿇고 기도하는 사람은 흔치 않습니다. 보통은 변질이 됩니다. 여러 가지 애환과 우여곡절을 겪으면서 움츠러들고 깨지면 침체를 겪고 여러 가지 상처 속에서 그저 버티다가 안타깝게 목회를 마무리하는 경우가 많습니다.

'에이징 파워'라는 말이 있습니다. 나이가 들수록 더 강력해진다는 뜻입니다. 이것은 인내의 힘에서 나옵니다. 내 안에 내적인 충만함이 있어야 합니다. 인풋과 아웃풋의 균형이 유지될 때 더 풍성한 미래가 있을 수 있습니다.

저는 진짜 목회는 60부터라고 믿습니다. 그동안 쌓아온 인생의 연륜과 지적 탐구와 묵상의 깊이가 잠재력으로 발휘되는 것입니다. 젊은 날에는 그냥 설교를 잘하기 위해서 노력합니다. 내용은 세련됐을지 모르지만 영혼을 깊이 파고드는 파워는 아직 살아 낸 삶이 적기 때문에 부족합니다. 살아 낸 삶의 이야기, 그것이 진리와 어우러져 청중들에게 설파될 때 그 메시지의 강도는 엄청나게 커집니다.

갈수록 더 풍성하고 더 기름지고 더 영향력 있는 목회를 하고 싶습니까? 비결은 자기관리입니다. 자기관리를 하지 않으면 어느 날 조금씩 누수되기 시작합니다. 에너지가 새는 것입니다. 그러면 자기도 모르게 쇠퇴합니다.

젊은 때에 몸 관리를 제대로 하지 않으면 40대 이후에 근육 손실이 일어난다고 합니다. 이제는 근육이 뼈대를 받쳐 주지 못하는 것입니다. 그러다 결국은 골다공증과 함께 무너져 버립니다. 그래서 40~50대에는 근육을 키워야 합니다. 영적 근육도 마찬가지입니다. 우리의 영성이 갈수록 깊어져 마지막 결승까지 하나님 앞에 쓰임받는 것이 최고의 축복이라고 믿습니다. 이것처럼 황홀한 일은 없을 것입니다.

그럴 수는 없겠지만, 저는 다시 태어나도 목회를 하고 싶습니다. 그 정도로 목회자의 삶이 너무나 행복합니다. 하나님께 부름 받은 특권, 복음의 나팔수로서의 특권을 누리는 것이 너무나 영광입니다. 목회는 가슴 뛰는 일입니다. 복음과 진리 때문입니다. 복음은 사람을 바꾸고 진리는 인류를 구원합니다. 복음만이 우리의 유일한 소망입니다. 그것을 알고, 하나님과 함께 달려온 시간이 참으로 꿈같았습니다.

이제 저의 목표는 마지막까지 이 기쁨과 행복을 이어 가는 것입니다. 끝까지 하나님과 함께 달려, 마지막 하나님 앞에 설 때 "착하고 충성된 종아, 잘하였도다"라는 칭찬을 받기 원합니다. 이것이 우리 모두의 목표가 되었으면 좋겠습니다.